초등국어
독해력
사다리

초등국어 독해력 사다리 6단계

지은이 장혜규
펴낸이 정규도
펴낸곳 (주)다락원

초판 1쇄 발행 2020년 1월 22일

편집총괄 장의연
책임편집 허윤영
디자인 김나경
전산편집 최영란
삽화 박주영
사진 shutterstock, 국립중앙박물관(121쪽, 125쪽, 131쪽)
　　　 문화재청 국가문화유산포털(36쪽, 93쪽, 121쪽)

🐲 다락원 경기도 파주시 문발로 211
내용문의 (02) 736-2031 내선 524
구입문의 (02) 736-2031 내선 250~252
Fax (02) 732-2037
출판 등록 1977년 9월 16일 제406-2008-000007호

값 13,000원
ISBN 978-89-277-0100-2 64710
　　　 978-89-277-0094-4 (세트)

http://www.darakwon.co.kr
다락원 홈페이지를 방문하시면 상세한 출판정보와 함께
다양한 혜택을 얻으실 수 있습니다.

초등국어
독해력
사다리 6단계

장혜규 지음

다락원

왜 우리는 글을 읽고, 생각하고, 질문해야 할까요?

세종대왕은 우리의 소중한 한글을 만든 왕으로 널리 알려져 있지만, 책벌레라고 불릴 만큼 책을 많이 읽은 것으로도 유명합니다. 세종대왕은 평소 '백독백습(白讀白習)'을 실천했다고 합니다. 이것은 책 한 권을 백 번 읽고 백 번 쓴다는 뜻으로, 한 권을 읽더라도 그것을 오롯이 이해할 때까지 계속 반복해서 봤다는 것이지요. 세종대왕은 왜 책 한 권을 이렇게 여러 번 읽었던 것일까요? 같은 책이라도 처음 읽을 때와 두 번째 읽을 때 얻게 되는 깨달음이 달랐기 때문이겠죠. 처음 읽을 때는 떠오르지 않았던 질문과 생각, 느낌이 두 번째 읽을 때 새롭게 떠오를 때가 많습니다. 책을 읽으며 떠오르는 수많은 질문과 생각은 책 내용을 더 깊이 이해할 수 있게 도와줍니다. 그렇게 얻은 지식과 이해는 세종대왕이 한글을 창제하고 다른 여러 업적을 이루는 데 기초가 되었을 것입니다.

하지만 오늘날 사람들은 질문하고 생각하는 것을 멈춘 것 같습니다. 기술이 발달해서 엄청난 양의 정보가 교류되는 가운데, 사람들은 이제 글보다는 영상이나 그림에 익숙해졌습니다. 당장 우리 주위를 둘러보면 글을 보는 사람보다 영상이나 그림을 보는 사람들이 훨씬 더 많고, 글을 읽는 사람조차 짧게 편집된 단편적인 글 위주로 살펴보죠. 사람들은 점점 긴 글을 읽고 이해하는 독해력을 잃어가고 있고, 이는 결국 생각하는 능력을 잃어가는 것과 같습니다.

저는 학교에서 학생들을 가르치는 사람으로서 이러한 경향을 더욱 크게 실감하고 있습니다. 수업 시간에 "선생님, 시차는 왜 있는 건가요?", "선생님, 만약 이순신 장군이 다른 선택을 했다면 어떻게 되었을까요?"와 같은 질문을 하는 학생들이 어느 순간 사라졌습니다. 주어지는 지식을 수동적으로 받아들이며, 생각과 상상을 멈추고 질문을 품지 않은 채 그냥 지나쳐 버리는 학생들을 보면서 안타까움을 많이 느낍니다.

기술이 발전할수록 우리는 생각하는 힘을 길러야 합니다. 로봇이나 인공지능이 인간을 대신하여 많은 일을 할 수 있지만, 질문하고 그 답을 찾는 것은 사람만이 할 수 있는 고유의 능력이기 때문이지요. 그래서 저는 '의미 있고 흥미로운 이야기로 학생들에게 다가가 질문하고 생각하는 연습을 할 수 있도록 도와주자'는 마음으로 이 책을 집필하기 시작했습니다. 한 장 한 장 채워진 이야기와 딸린 문제는 여러분에게 던지는 저의 질문입니다. 단순히 문제를 다 맞혔는지 몇 문제 틀렸는지에 초점을 맞추지 말고, 여러분이 이런 질문을 통해 생각을 더 확장할 수 있기를 바랍니다. 그리고 여러분도 세종대왕처럼 지문을 여러 번 읽으며 자신만의 질문을 만들어 보세요. 이 책은 "독해력 사다리"라는 책 제목처럼 여러분의 묻고 생각하는 힘을 한층 높은 단계로 이끌어 줄 것입니다.

이 책을 마칠 때까지 많은 시간과 노력이 들었습니다. 여러분에게 의미도 있고 재미도 있는 이야기 소재를 찾고 지문으로 각색하는 과정, 알맞은 독해 기술을 선별하여 독해 기술에 맞게 문항을 만들어 가는 과정이 있었습니다. 길고 어려웠던 과정 속에서 고민을 함께 나누고 세심하게 작업을 도와주신 다락원의 허윤영 차장님께 감사를 표합니다. 이 책을 통해 여러분이 조금이나마 글에 친숙해지고, 질문하고 생각하는 것에 익숙해지기를 바랍니다. 여러분! 단순히 글을 읽고 내용을 이해하는 것에서 끝나는 게 아니라, 끊임없이 스스로 질문하고 읽은 내용에 대해 생각하세요!

2020년 1월
장혜규

이 책의 구성과 공부법

★ 어떻게 읽을까

책을 펼치면 먼저 '어떻게 읽을까' 코너가 나옵니다. 글의 내용을 제대로 이해하기 위해서 어떻게 읽어야 하는지 방법을 보여 주는 코너로, 꼭 알아야 하는 10개의 독해 기술을 선정해서 쉬운 연습문제를 풀며 익힐 수 있게 구성하였습니다.

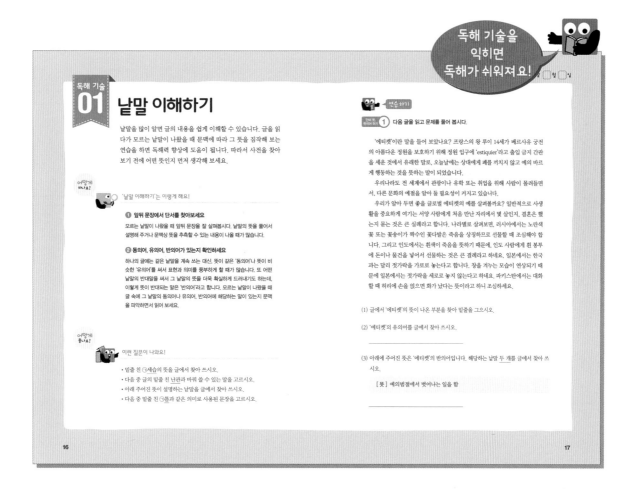

이렇게 공부하세요

독해력이 있다는 것은 '다양한 독해 기술을 활용해 글의 내용을 이해한다'는 뜻입니다. 〈초등국어 독해력 사다리〉 6단계에서는 초등학교 5, 6학년생들이 꼭 갖추어야 할 국어 독해 기술을 쉽게 정리하였습니다. 먼저 독해 기술을 소개하는 글을 읽고, 독해 기술을 효과적으로 키우는 방법을 정리한 설명을 소리 내어 읽으세요. 학습하는 독해 기술을 묻는 질문의 예도 꼭 읽어 보세요.

독해 기술을 설명하는 페이지 옆에는 배운 독해 기술을 연습할 수 있는 연습문제가 있습니다. 문제를 풀면서 공부한 내용을 내 것으로 만들어 보세요.

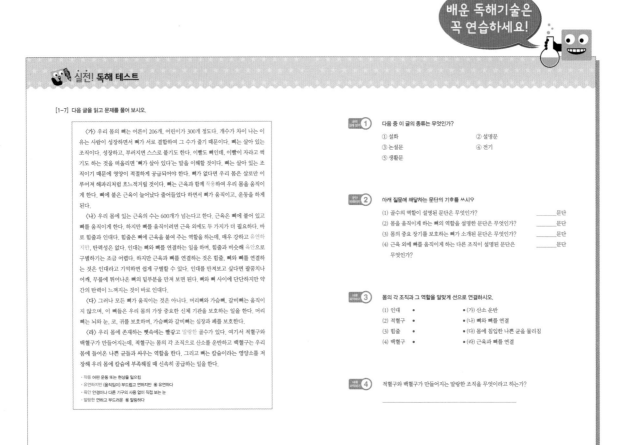

활용 TIP

1 매일매일 독해 기술을 하나씩 공부하고, 공부한 날짜를 기록하세요

공부는 매일, 꾸준히 하는 것이 가장 중요합니다. 매일 공부하는 습관을 들이기 위해서는 잊지 말고 하루에 하나씩 독해 기술을 공부합시다.

2 틀린 문제는 왜 틀렸는지 생각하고, 다시 풀어 보세요

몇 개를 틀렸는지가 중요한 것이 아니라 '왜 틀렸는지'를 아는 것이 중요합니다. 틀린 문제의 답을 확인만 하고 넘어가지 말고, 왜 틀렸는지 생각해 본 다음 '정답과 해설'에서 자세한 문제 풀이를 읽으면서 모르는 내용을 확실하게 다져야 합니다.

3 '실전! 독해 테스트'에서 실력을 확인해 보세요

자신의 독해 실력을 평가할 수 있는 테스트입니다. 20분이나 30분 이내 등 스스로 목표 시간을 정해서 풀어 봅시다.

★ 무엇을 읽을까

총 5과로 나누어 주제별 읽기를 합니다. 교과서를 바탕으로 초등학생들이 꼭 알아야 하는 내용을 선별하여 재미있게 지문을 구성하였습니다. '어떻게 읽을까'에서 배운 독해 기술을 활용해 실전 시험처럼 독해 활동을 해 보세요.

'무엇을 읽을까'에서는 꼭 배워야 할 지식과 정보가 담긴 글, 그리고 읽기가 즐거워지는 글을 다섯 개의 주제로 묶어서 제시합니다. 실제 교과서와 연계된 흥미로운 지문을 읽으면서 앞으로 배울 내용을 예습하거나 이미 배운 내용을 복습할 수 있습니다.

특히 '어떻게 읽을까'에서 공부한 독해 기술을 제대로 활용할 수 있는지, 지문을 읽고 문제를 풀면서 스스로 확인할 수 있습니다.

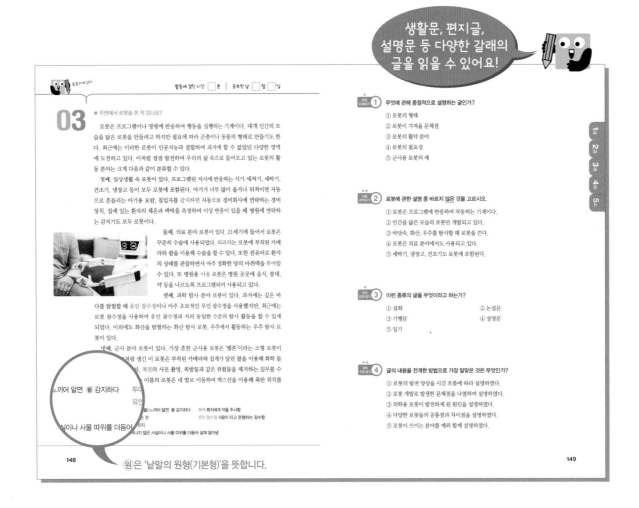

활용 TIP

1 모든 과의 시작 페이지를 꼼꼼히 읽고, 앞으로 읽을 내용을 예상해 보세요

어떤 지문을 읽게 될지 예상해 보세요. 본격적으로 읽기 시작하기 전에 몸풀기로 '배경지식 확인하기'나 '그림 보고 예상하기' 등의 활동도 꼭 풀어 보세요.

2 지문을 처음 읽을 때는 빨리, 다시 읽을 때는 꼼꼼히 읽으세요

천천히 한 번 읽는 것보다 처음 읽을 때 빨리 읽고 전체적인 내용을 파악하는 것이 좋습니다. 그런 다음 조금 시간을 두고 꼼꼼하게 지문을 다시 한번 읽어 보세요.

3 하루에 지문 하나씩 읽고, 어떤 문제를 틀렸는지도 꼭 확인하세요

매일 공부하고, 공부한 날짜를 적으세요. 지문을 읽고 문제풀이까지 끝내는 데 걸린 시간도 체크하기를 권합니다. 답을 맞추어 본 후에는 어떤 유형의 문제를 틀렸는지 꼭 확인하세요. 문제 위의 별표는 문제가 얼마나 어려운지를 나타냅니다. 개수가 하나인 것은 안 틀리면 좋겠죠?

06

활동에 걸린 시간 ▢분 · 공부한날 ▢월 ▢일

● 환경을 지키기 위해 우리가 어떤 일을 할 수 있을까요?

〈가〉 하와이와 캘리포니아 사이 북태평양에는 거대한 쓰레기 섬이 있다. 이 쓰레기 섬의 크기는 한반도의 8배이며, 10년마다 10배씩 커지고 있다고 한다. 이 쓰레기 섬의 대부분을 차지하는 것은 주로 비닐과 플라스틱 제품인데, 플라스틱 제품 중 다수를 차지하는 것은 일회용 페트병이다.

〈나〉 국립 해양 연구소의 한 연구원은 쓰레기 섬의 위험성에 대해 다음과 같이 말한다.

"이 쓰레기 섬의 크기가 커지고 있다는 것이 제일 심각한 문제입니다. 플라스틱은 물 위에 떠다니다 파도나 자외선의 영향을 받아 분해되기 시작합니다. 문제는 이 분해된 플라스틱이 5mm 이하의 미세 플라스틱이라는 점입니다. 작은 물고기들이 이것을 먹이로 알고 먹는데, 결국 소화를 하지 못 해서 죽습니다. 설령 죽지 않더라도 2차 포식자, 3차 포식자인 고등어, 갈치, 참치, 바닷새, 상어에게 잡아먹혀 포식자의 몸속에 플라스틱이 축적되고, 결국 이 플라스틱은 사람의 몸속으로 들어오게 되죠. 북태평양 쓰레기 섬은 한 나라가 치울 수 없을 정도로 거대합니다. 지금 당장 태평양 연안의 모든 나라가 힘을 합쳐 쓰레기 섬 일대를 청소하고 플라스틱 사용을 줄여야 합니다."

〈다〉 현재 전 세계에서는 플라스틱과 페트병 사용을 줄이기 위한 대책을 마련하고 있으나 대체제가 마땅치 않아 어려움을 겪고 있다. 따라서 여러 환경 보호 단체에서는 플라스틱의 재활용을 현실적 대안으로 제시하고 있다.

"페트병의 주재료인 PET, 즉 폴리에틸렌 테레프탈레이트는 가볍고 맛과 냄새가 없어 음료수 용기를 만드는 재료로 많이 쓰입니다. (㉠) 그대로 버려지면 자연환경을 심각하게 파괴하는 물질이 되죠. 전 세계에서 페트병 대체재를 개발하기 위해 많은 연구가 되고 있지만 생산 단가와 성능 문제 때문에 활용도는 낮은 편입니다. 따라서 현재는 페트병 재활용 방법에 대한 연구가 많이 이루어지고 있습니다. (㉡). 최근에 개발된 플라스틱 벽돌은 페트병을 녹인 후 벽돌 형태로 만들어 건축자재로 활용하기 위한 것입니다. 미국의 바이큐전 회사에서 빈곤층 주택 사업에 사용하기 위해 플라스틱 벽돌을 만들고 있죠. 플라스틱 벽돌은 콘크리트 벽돌과 비교해 제작 과정에서 온실가스를 94% 감축할 수 있습니다. 또한 폐플라스틱을 즉각 재활용할 수 있어서 가장 매력적인 대안으로 평가되고 있습니다. 현재 콜롬비아에서는 42가구 정도가 플라스틱 벽돌로 만든 집에서 살고 있습니다."

102

〈라〉 페트병은 '페트병 전구'의 핵심 재료로도 활용되고 있다. 페트병 안에 물과 표백제를 넣고 천장에 구멍을 뚫어 페트병을 설치하면 되는데, 병을 통과한 태양빛이 병 안의 물과 표백제로 인해 사방으로 흩어져 어두운 실내에 형광등을 켠 것과 비슷한 효과를 얻을 수 있다. 이외에도 페트병에서 추출한 폴리에스테르 섬유로 만든 옷도 있으며, 최근에는 건축 단열재, 소파 충전재 등에도 페트병이 활용되고 있다.

〈마〉 북태평양 쓰레기 섬은 우리의 노력으로 해결할 수 있는 문제다. 더 기다릴 시간이 없음을 깨닫고 지금 당장 페트병 사용을 줄이려는 노력이 시급하다.

단어 풀 보기

포식자 다른 동물을 먹이로 삼는 동물
축적 지식이나 돈 등을 모아서 쌓는 것
대체재 대신 바꿔 쓸 수 있는 관계의 두 가지 물건
빈곤 살림이 무척 가난하고 어려움
추출한 혼합물 속에서 분리한 물질 추출하다
단열재 온도 유지 또는 열 차단을 위해 사용되는 재료
시급하다 몹시 급하다

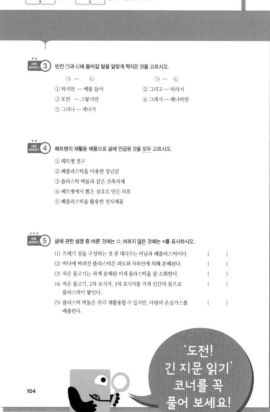

1 다음 중 글을 통해 알 수 없는 사실은 무엇인가?

① 페트병의 재활용 방법
② 거대 쓰레기 섬의 위치
③ 페트병의 주재료와 사용 이유
④ 플라스틱이 생태계에 끼치는 위험성
⑤ 페트병 사용을 줄이기 위한 개인의 실천 방안

2 페트병 대체재 개발 연구가 효과적이지 않은 이유는 무엇인가?

▢▢ 단가와 ▢▢ 문제로 활용도가 낮아서

3 빈칸 ㉠과 ㉡에 들어갈 말을 알맞게 짝지은 것을 고르시오.

	㉠ — ㉡		㉠ — ㉡
①	하지만 — 예를 들어	②	그리고 — 따라서
③	또한 — 그렇지만	④	그래서 — 왜냐하면
⑤	그러나 — 게다가		

4 페트병의 재활용 제품으로 글에 언급된 것을 모두 고르시오.

① 페트병 전구
② 폐플라스틱을 이용한 장난감
③ 플라스틱 벽돌과 같은 건축자재
④ 페트병에서 뽑은 섬유로 만든 의류
⑤ 폐플라스틱을 활용한 전자제품

5 글에 관한 설명 중 바른 것에는 O, 바르지 않은 것에는 ×표 하시오.

(1) 쓰레기 섬을 구성하는 것 중 대다수는 비닐과 폐플라스틱이다. ( )
(2) 바다에 버려진 플라스틱은 파도와 자외선에 의해 분해된다. ( )
(3) 작은 물고기는 작게 분해된 미세 플라스틱을 잘 소화한다. ( )
(4) 작은 물고기, 2차 포식자, 3차 포식자를 거쳐 인간의 몸으로 플라스틱이 쌓인다. ( )
(5) 플라스틱 벽돌은 즉각 재활용할 수 있지만, 다량의 온실가스를 배출한다. ( )

104

'도전! 긴 지문 읽기' 코너를 꼭 풀어 보세요!

활용 TIP

1 '도전! 긴 지문 읽기'에 꼭 도전하세요

모든 과의 마지막 지문은 글밥이 많고 풀어야 할 문제 수도 많습니다. 하지만 두려워하지 말고 한 단계 어려운 독해 활동에 도전해 보세요. 이런 도전이 쌓이면서 독해 실력이 높아지고, 자신감을 갖게 됩니다. 문제를 풀 때는 지문을 다시 읽지 말고, 이미 읽은 내용을 떠올려 문제를 풀려고 노력해 보세요.

2 틀린 문제는 다시 한번 풀어 보세요

틀린 문제는 '정답과 해설'에서 문제풀이를 찾아 꼼꼼하게 읽고 무엇을 놓쳤는지 확인하세요. 읽고 난 다음에는 다시 한번 풀어 봅시다.

목차

머리말   5쪽
이 책의 구성과 공부법   7쪽

어떻게 읽을까

독해 기술 01 낱말 이해하기   16쪽
독해 기술 02 내용 파악하기   18쪽
독해 기술 03 주제 이해하기   26쪽
독해 기술 04 문단 이해하기   30쪽
독해 기술 05 글의 갈래 알기   34쪽
독해 기술 06 글의 구성 알기   42쪽
독해 기술 07 요약하기   50쪽
독해 기술 08 추론하기   52쪽
독해 기술 09 적용 및 문제 해결하기   56쪽
독해 기술 10 감상하기   58쪽

실전! 독해 테스트   60쪽

무엇을 읽을까

1과 적성과 진로

01 30년 뒤, 나는 우주 관광 가이드   74쪽
02 매력적인 게임 개발의 세계   76쪽
03 라가디아 판사의 명판결   79쪽
04 도전! 긴 지문 읽기   81쪽
    미래를 준비하는 시간, 자유학년제

2과 사회와 생활

01 초등학생의 화장, 찬성 vs 반대   **88**쪽

02 풍력 발전기를 설치해야 할까?   **90**쪽

03 반구대 암각화 보존   **92**쪽

04 패스트 패션과 슬로 패션   **95**쪽

05 지켜 주세요, 아동 권리!   **98**쪽

06 도전! 긴 지문 읽기   **102**쪽
    (북태평양의 쓰레기 섬)

3과 문학과 예술

01 재미있는 색상 대비   **108**쪽

02 장발장 이야기   **111**쪽

03 우리나라의 민요   **114**쪽

04 주몽, 고구려를 세우다!   **117**쪽

05 도전! 긴 지문 읽기   **120**쪽
    고려청자와 조선백자

4과 사람과 역사

01 선사 시대를 구분한 톰센과 러복 **126**쪽

02 대한민국 천주교의 성지–절두산 **128**쪽

03 자랑스런 문화재 〈직지심체요절〉 **131**쪽

04 우리 민족의 혼, 태극기   **134**쪽

05 도전! 긴 지문 읽기   **138**쪽
    유관순– 바라는 것은 오직 조국의 독립

5과 과학과 환경

01 식물의 뿌리   **144**쪽

02 스포츠 세계 속의 과학 기술   **146**쪽

03 로봇의 대활약   **148**쪽

04 남극을 연구하다, 세종과학기지 **151**쪽

05 붉은불개미가 발견됐다!   **154**쪽

06 눈, 코, 입, 혀는 무슨 일을 할까? **156**쪽

07 도전! 긴 지문 읽기   **158**쪽
    호수의 산성화를 막아라!

어떻게 읽을까

독해 기술

01 낱말 이해하기　　　02 내용 파악하기

03 주제 이해하기　　　04 문단 이해하기

05 글의 갈래 알기　　　06 글의 구성 알기

07 요약하기　　　　　08 추론하기

09 적용 및 문제 해결하기　10 감상하기

낱말 이해하기

낱말을 많이 알면 글의 내용을 쉽게 이해할 수 있습니다. 글을 읽다가 모르는 낱말이 나왔을 때 문맥에 따라 그 뜻을 짐작해 보는 연습을 하면 독해력 향상에 도움이 됩니다. 따라서 사전을 찾아보기 전에 어떤 뜻인지 먼저 생각해 보세요.

어떻게
하나요?

'낱말 이해하기'는 이렇게 해요!

❶ 앞뒤 문장에서 단서를 찾아보세요

모르는 낱말이 나왔을 때 앞뒤 문장을 잘 살펴봅시다. 낱말의 뜻을 풀어서 설명해 주거나 문맥상 뜻을 추측할 수 있는 내용이 나올 때가 많습니다.

❷ 동의어, 유의어, 반의어가 있는지 확인하세요

하나의 글에는 같은 낱말을 계속 쓰는 대신, 뜻이 같은 '동의어'나 뜻이 비슷한 '유의어'를 써서 표현과 의미를 풍부하게 할 때가 많습니다. 또 어떤 낱말의 반대말을 써서 그 낱말의 뜻을 더욱 확실하게 드러내기도 하는데, 이렇게 뜻이 반대되는 말은 '반의어'라고 합니다. 모르는 낱말이 나왔을 때 글 속에 그 낱말의 동의어나 유의어, 반의어에 해당하는 말이 있는지 문맥을 파악하면서 읽어 보세요.

어떻게
묻나요?

이런 질문이 나와요!

• 밑줄 친 ㉠세습의 뜻을 글에서 찾아 쓰시오.
• 다음 중 글의 밑줄 친 난관과 바꿔 쓸 수 있는 말을 고르시오.
• 아래 주어진 뜻이 설명하는 낱말을 글에서 찾아 쓰시오.
• 다음 중 밑줄 친 ㉠틈과 같은 의미로 사용된 문장을 고르시오.

 연습하기

단어 뜻,
유의어 찾기 **1** 다음 글을 읽고 문제를 풀어 봅시다.

‘에티켓’이란 말을 들어 보았나요? 프랑스의 왕 루이 14세가 베르사유 궁전의 아름다운 정원을 보호하기 위해 정원 입구에 ‘estiquier’라고 출입 금지 간판을 세운 것에서 유래한 말로, 오늘날에는 상대에게 폐를 끼치지 않고 예의 바르게 행동하는 것을 뜻하는 말이 되었습니다.

우리나라도 전 세계에서 관광이나 유학 또는 취업을 위해 사람이 몰려들면서, 다른 문화의 예절을 알아 둘 필요성이 커지고 있습니다.

우리가 알아 두면 좋을 글로벌 에티켓의 예를 살펴볼까요? 일반적으로 사생활을 중요하게 여기는 서양 사람에게 처음 만난 자리에서 몇 살인지, 결혼은 했는지 묻는 것은 큰 실례라고 합니다. 나라별로 살펴보면, 러시아에서는 노란색 꽃 또는 꽃송이가 짝수인 꽃다발은 죽음을 상징하므로 선물할 때 조심해야 합니다. 그리고 인도에서는 흰색이 죽음을 뜻하기 때문에, 인도 사람에게 흰 봉투에 돈이나 물건을 넣어서 선물하는 것은 큰 결례라고 하네요. 일본에서는 한국과는 달리 젓가락을 가로로 놓는다고 합니다. 창을 겨누는 모습이 연상되기 때문에 일본에서는 젓가락을 세로로 놓지 않는다고 하네요. 파키스탄에서는 대화할 때 허리에 손을 얹으면 화가 났다는 뜻이라고 하니 조심하세요.

(1) 글에서 ‘에티켓’의 뜻이 나온 부분을 찾아 밑줄을 그으시오.

(2) ‘에티켓’의 유의어를 글에서 찾아 쓰시오.

_____

(3) 아래에 주어진 뜻은 ‘에티켓’의 반의어입니다. 해당하는 낱말 두 개를 글에서 찾아 쓰시오.

[뜻] 예의범절에서 벗어나는 일을 함

_____

내용 파악하기

글을 읽을 때 전체적인 내용을 이해할 뿐 아니라 세세한 정보도 놓치지 않아야 합니다. 그러므로 처음에는 글을 빨리 훑어 읽으면서 전체 내용을 파악하고, 그다음에는 세부 정보를 꼼꼼하게 읽는 것이 좋습니다. 평소에 이런 방식으로 내용을 파악하는 습관을 들여 보세요.

어떻게 하나요?

'내용 파악하기'는 이렇게 해요!

❶ 가리키는 말이 무엇을 나타내는지 정확하게 파악하세요

'그것, 저것, 이것, 그 사람, 저기' 등 앞에서 말한 낱말이나 내용을 다시 말할 때 대신 쓰는 말을 '가리키는 말'이라고 합니다. 이러한 가리키는 말이 가리키는 대상을 정확히 알아야 글을 제대로 이해할 수 있습니다. 보통 가리키는 대상은 가리키는 말 앞에 나오므로 앞의 내용을 꼼꼼하게 확인하세요. 가리키는 대상이 사람인지 장소인지 시간인지 등도 파악하세요. 가리키는 말의 성격을 알아야 가리키는 대상을 정확히 알 수 있습니다.

❷ '누가, 언제, 어디서, 무엇을, 어떻게, 왜'와 같은 세부 정보를 빨리 확인하세요

이야기를 읽을 때 '누가, 언제, 어디서, 무엇을, 어떻게, 왜'를 기준으로 내용을 정리하며 읽으면 글의 중요한 정보를 쉽게 파악할 수 있습니다.

❸ 문장 간의 연결 관계를 파악하세요

문장을 이어 주는 말을 확인하면 문장끼리의 관계를 파악할 수 있습니다. 문장 시작할 때 '그러나, 하지만, 그렇지만' 등이 있으면 앞과 반대되는 내용이 나온다는 표시이고, '또한, 그리고' 등이 나오면 앞과 결이 비슷한 내용이 더 나온다는 것을 알려 주죠. '그래서, 따라서'와 같은 이어 주는 말은 앞 내용이 근거나 이유가 되어 뒤의 결과가 나왔다는 표시입니다. 앞 내용의 예를 소개하려고 할 때는 '예를 들어'를 쓰는 경우가 많습니다.

④ 원인과 결과를 확인하며 글을 읽으세요

어떤 일이 발생했을 때(결과)는 그 일을 일으킨 원인이 있습니다. 독해를 할 때 '원인과 결과'를 제대로 알고 있는지 확인하는 문제가 자주 나오지요. 하나의 원인에서 하나의 결과가 발생할 수도 있지만 여러 개의 결과가 나타날 수도 있습니다. 마찬가지로, 여러 개의 원인 때문에 하나의 결과가 일어날 수도 있지요. 원인과 결과를 나타내는 문장 형태를 알아두면 이해하기 좀더 쉽습니다. '(왜냐하면) ~하기 때문이다'는 원인을 나타내는 문장 형태이고, '그래서/~해서/하자 …했다'는 '그래서/~해서/하자'가 원인, '…했다'는 그에 따른 결과를 나타내는 문장 형태입니다.

⑤ 특정 정보를 빨리 찾고 선택지 내용과 비교하세요

질문하는 정보가 글의 어디에 나오는지 빨리 찾아내면 독해를 효율적으로 할 수 있습니다. 그러므로 글에서 특정 정보의 위치를 빨리 찾는 연습을 하는 것이 좋습니다. 문제를 풀 때 선택지의 내용과 글의 정보가 정확하게 맞는지 꼼꼼히 비교해서 틀린 점을 찾아내세요. 선택지에는 글에서 쓴 낱말이나 표현을 그대로 쓰지 않고, 비슷한 뜻의 다른 낱말이나 표현으로 바꿔 쓸 때가 많다는 것도 알아두세요.

⑥ 사실과 의견을 구분하세요

어떤 내용이 객관적인 '사실'을 말하는 정보인지, 아니면 글쓴이의 주관적인 '의견이나 생각, 느낌, 주장'인지 구분하며 글을 읽으세요. 글의 주제 및 목적, 요지를 파악하는 데 도움이 됩니다.

어떻게 묻나요?

이런 질문이 나와요!

• 글에 관한 설명 중 바른 것에는 ○, 바르지 않은 것에는 ×를 표시하시오.
• 빈칸 ㉠, ㉡에 들어갈 이어 주는 말을 알맞게 짝지은 것을 고르시오.
• 글의 밑줄 친 ㉠이것이 무엇을 가리키는지 쓰시오.
• 다음 중 글을 통해 알 수 없는 사실을 고르시오.
• 글에 관한 설명 중 바르지 않은 것은 무엇인가?
• 각 나라의 국기가 상징하는 것이 무엇인지 쓰시오.

여름방학을 맞아 우리 가족은 강릉에 놀러 갔다. ㉠거기서 가장 먼저 들른 곳은 오죽헌이었다. 보물 제165호인 오죽헌은 강릉 지역의 대표적인 유적지이며 15세기 후반(1450년~1500년)에 지어졌다. ㉡이곳은 조선 시대의 대표적인 학자 율곡 이이가 태어난 장소로, 우리나라에 현존하는 주택 중 가장 오래된 것이다. '오죽헌'은 까마귀 몸처럼 검은 대나무가 집 주위를 둘러싸고 있어서 붙은 이름이라고 한다.

오죽헌을 구경한 후 우리 가족은 아름다운 바닷가로 이동해서 즐겁게 물놀이를 하고, 다음날 집으로 돌아왔다. 강릉에서 보낸 1박 2일은 정말 즐거웠다. 시원하고 새파란 강릉의 바다가 그리울 것 같다.

• 현존하는 지금 있는 ⑩ 현존하다

(1) 글의 밑줄 친 ㉠거기와 ㉡이곳이 가리키는 대상을 각각 찾아 쓰시오.

㉠ **거기:** _____

㉡ **이곳:** _____

(2) 글에서 알맞은 내용을 찾아 아래 표를 채우시오.

누가	언제	어디서/무엇을
( )은	( )을 맞아	( )에 갔다. –( )방문, 물놀이

(3) 오죽헌을 정리한 표의 빈칸을 알맞은 말로 채우시오.

(   )의 대표적인 유적지이자 보물 제(   )인 오죽헌은 15세기 후반에 지어졌고, 우리나라에 남아 있는 가장 오래된 (   )이다. 율곡 (   )가 태어난 집으로도 유명한 이곳의 이름 '오죽헌'은 (   )가 집 주위를 둘러싸고 있다고 하여 지어졌다.

2 글을 읽고 질문에 답하시오.

오늘 오후, 우리 학년 전체가 구의회에 견학을 다녀왔다. 구의회는 기초자치단체인 구의 의결 기관으로, 구민들이 선거로 뽑은 구의원들로 구성된다. 구의회에 도착하니 사무관님께서 친절히 우리를 맞아 주셨다.

"안녕하세요! 여러분, 구의회에 오신 것을 환영합니다!"

사무관님은 구의회에서 구민들이 제안한 내용과 제기한 문제를 어떻게 해결하는지 알려 주었다. 주민들의 요청을 처리해 가는 과정에 관해 들으니 신기했다.

"구의회에서는 의결권에 의해 구의 예산을 확정하고, 그 해에 주어진 예산을 잘 사용했는지도 살펴봅니다. 또한 구민들의 생활에 필요한 조례를 만들고 불필요한 조례는 폐지합니다. 법에 정해진 것을 제외한 사용료, 분담금, 지방세 등을 부과하고 징수할 수도 있죠. 그 외에도 구 발전을 위해 기금을 설치, 운용할 수 있습니다. 자, 여러분. 이제 구의장님을 만나 볼 시간입니다."

"안녕하세요, 저는 구의장입니다. 구의회에서 어떤 일을 하는지 잘 들으셨죠? 우리 구의원들은 앞으로도 구민들을 위해 열심히 일하겠습니다. 어린이 여러분도 부모님들께 구의 문제에 관해 관심을 갖도록 홍보해 주세요."

이번 방문을 통해 구의회가 어떤 일을 하는지, 그리고 얼마나 많은 사람이 구를 위해 일하고 있는지도 알게 되었다.

• 의결 안건에 관해 의논해서 결정함
• 자치 지방 공공단체 주민들의 투표로 선출된 사람들이 국가로부터 일정 부분 독립하여 위임받은 행정 업무를 수행하는 일
• 의결권 자치단체 또는 의회의 의사를 결정할 수 있는 권한
• 조례 지방자치단체가 법령이 허락하는 범위 내에서 지방의회의 의결에 따라 만든 법
• 분담금 나누어 부담하는 돈
• 징수할 국가나 지방의 행정기관이 법에 따라 세금, 수수료 등을 국민에게서 거둬들일 ⑳ 징수하다
• 운용 돈이나 제도를 목적과 쓰임에 알맞게 쓰는 일

(1) 기초자치단체인 구의 의결 기관이 무엇인지 글에서 찾아 쓰시오.

_____

(2) 다음 중 구의회가 하는 일이 <u>아닌</u> 것을 고르시오.

　① 지방세 부과 및 징수　　　　② 구 예산 확정 및 사용 감시
　③ 조례의 제정 및 폐기　　　　④ 지역 주민에게 의결권 부여
　⑤ 기금의 설치, 운용

요즘은 단독 주택보다는 아파트 같은 공동 주택에 사는 사람이 많습니다. 이렇게 많은 사람이 모여 사는 곳에서 발생할 수 있는 가장 무서운 사고는 화재입니다. 당연히 화재가 나지 않도록 조심해야겠지만, 만약 불이 났을 때는 어떻게 해야 할까요?

불이 나면 초기에 대응하는 것이 중요합니다. 집에 반드시 소화기를 갖추어 두고 소화기 사용법을 미리 숙지해 두세요. 불이 난 초기면 소화기 사용법을 떠올려 침착하게 불을 꺼 보려고 노력해도 좋지만 그러기 힘들 때는 서둘러 119에 신고하고, 밖으로 나가 화재 경보 비상벨을 눌러 이웃 사람들이 신속하게 대피할 수 있게 하세요. 불이 나면 되도록 빨리 바깥으로 나가야 하는데, 1층이나 아래층이 불길에 휩싸여 밖으로 나가기 힘들다면 옥상으로 가서 구조를 기다려야 합니다.

그런데 불이 났을 때 엘리베이터를 타도 될까요? 보통은 높은 층에 사는 사람들, 또는 노인이나 병자, 장애가 있는 사람은 계단을 사용하기 어려우므로 엘리베이터를 타야 한다고 생각할 것입니다. (㉠) 불이 났을 때 엘리베이터를 타면 절대로 안 됩니다. 불이 나면 엘리베이터가 움직이는 곧고 좁은 공간으로 연기와 유독가스가 빠르게 이동합니다. 따라서 엘리베이터를 탔다가 오히려 그 안에 들어찬 연기와 유독가스를 들이마시고 죽게 될 위험이 큽니다.

(㉡) 엘리베이터의 작동 여부와 상관없이 불이 났을 때는 절대로 엘리베이터를 타지 말고, 최대한 연기나 유독가스를 마시지 않도록 손수건으로 코를 막고 자세를 낮추어 이동하세요.

• 숙지 충분히 잘 앎 　　　　　　　　　• 여부 그러함과 그렇지 않음

(1) 빈칸 ㉠에 들어갈 알맞은 이어 주는 말을 고르시오.

　① 그래서 　　　　　　② 그리고 　　　　　　③ 예를 들어

　④ 그러나 　　　　　　⑤ 왜냐하면

(2) 빈칸 ㉡에 들어갈 알맞은 이어 주는 말을 고르시오.

　① 게다가 　　　　　　② 하지만 　　　　　　③ 비록

　④ 그렇지만 　　　　　　⑤ 그러므로

(3) 화재 발생 시 엘리베이터를 타면 안 되는 이유를 쓰시오.

_____

_____

(4) 다음 중 불이 났을 때 해야 할 조치로 바르지 않은 것을 모두 고르시오.

① 초기라면 집에 비치한 소화기로 불을 꺼 보려고 노력한다.

② 밖은 위험하므로 소방대원이 올 때까지 집 안에서 기다린다.

③ 연기와 유독가스를 마시지 않게 손수건으로 코를 막고 이동한다.

④ 밖으로 대피하지 못할 경우, 노약자는 엘리베이터를 타고 옥상으로 간다.

⑤ 119에 신고하고 다른 주민들이 대피할 수 있게 화재 경보 비상벨을 누른다.

중요 정보 파악하기 4 글을 읽고 질문에 답하시오.

우리나라와 일본 사이에 위치한 독도는 오랫동안 두 나라 사이의 큰 갈등 요소가 되고 있다. (가)일본은 우리의 독도를 '다케시마'라고 부르며 자기네 땅이라고 주장하고 있다. 그러나 예로부터 남아 있는 여러 자료는 독도가 우리 땅임을 증명한다. 이러한 자료 중에는 독도를 지키려고 노력한 안용복의 기록도 있다.

(나)조선 시대에 나라에서는 일본과 영토 문제로 다투지 않기 위해 섬에 사는 사람들을 본토로 이주시켜 섬을 비우는 공도 정책을 시행했다. 그래서 일본 사람들은 울릉도와 독도 근처에 자주 와서 고기를 잡곤 했다.

(다)하루는 안용복이라는 청년이 울릉도에서 고기를 잡는 일본 사람들과 싸우다 일본으로 잡혀갔다. 낯선 외국 땅에서 겁에 질릴 법도 한데 오히려 안용복은 용감하게 "울릉도와 독도는 우리 땅"이라고 주장했고, 일본인 관리는 ㉠이것을 인정하는 편지를 주어 안용복을 조선으로 돌려보냈다.

하지만 울릉도와 독도를 지키려는 안용복의 노력에도 불구하고, 조선의 관리들은 여전히 울릉도와 독도에 관심이 없어서 아무런 조치를 취하지 않고 있었다. ㉡이 상황을 가만히 앉아 볼 수 없던 안용복은 조선의 높은 관리처럼 보이게 위장하고 어부 100여 명과 함께 일본으로 가서 일본 태수와 ㉢담판을 지었다.

(라)울릉도와 독도는 조선의 땅이라는 안용복의 말에 일본 태수는 잘못을 인정하고 다시는 함부로 울릉도와 독도를 침범하지 않겠다고 약속했다.

안용복은 기쁜 마음으로 고향으로 돌아왔으나 그를 기다리는 것은 곤장이었다. 조선의 관리들은 천한 신분인 어부 안용복이 감히 신분을 속이고 일본 태수와 영토 문제를 협상한 것을 용서할 수 없었다.

비록 안용복의 노력은 그 당대에는 보답받지 못했지만, 울릉도와 독도를 지키려는 그의 열정은 오늘날 재평가받으면서 그는 용감한 독도 지킴이로 인식되고 있다. (마)우리도 안용복이 지켜낸 우리 땅 독도를 소중히 여기고 빼앗기지 않기 위해 늘 경계해야 할 것이다.

- 이주 다른 곳에서 거주지를 옮겨서 생활함
- 조치 문제를 처리하기 위해 필요한 대책을 세움
- 태수 옛날 군, 현의 행정 업무를 맡았던 관리
- 담판 문제를 해결하기 위해 당자자들이 의논하여 시비를 가리는 것
- 협상 다른 입장의 사람들이 문제를 해결하기 위해 모여 의논함

(1) 밑줄 친 (가)~(마) 중 '의견'에 해당하는 것은 무엇인가?

① (가)　　　② (나)　　　③ (다)　　　④ (라)　　　⑤ (마)

(2) 다음 중 공도정책이란 무엇인가?

① 섬을 깨끗하게 가꾸기 위해 날을 정해 대청소를 하는 정책

② 섬과 육지를 잇는 다리를 놓아 사람들이 왕복하게 하는 정책

③ 섬에 있는 사람을 다른 곳으로 이사하게 하여 섬을 비우는 정책

④ 울릉도와 독도에 사는 사람들이 고기를 잡기 위해 협동하는 정책

⑤ 일본과 조선이 울릉도와 독도를 공평하게 함께 지배하는 정책

(3) 밑줄 친 ㉠, ㉡, ㉢가 각각 의미하는 바가 무엇인지 글에서 찾아 쓰시오.

- ㉠: _____

- ㉡: _____

- ㉢: _____

(4) 다음 중 안용복이 곤장을 맞은 이유는 무엇인지 고르시오.

    ① 일본 관리가 보낸 편지를 제대로 전달하지 않아서

    ② 신분을 속이고 일본 관리와 협상을 해서

    ③ 일본인과 다투어 일본과 갈등을 만들어서

    ④ 나라에서 내린 공도정책에 반발해서

    ⑤ 다른 고기잡이배들을 내쫓고 바다를 독점해서

(5) 글에 관한 설명으로 바른 것에는 ○, 바르지 않은 것에는 ×를 표시하시오.

    ① 일본은 독도를 '다케시마'라고 부르며 일본 땅이라고 주장하고 있다. ( )

    ② 일본은 독도가 우리 땅이라는 안용복의 주장을 받아들이지 않았다. ( )

    ③ 조선 관리들은 독도를 위한 안용복의 노력과 열정을 인정했다. ( )

    ④ 조선 관리들은 울릉도와 독도에 큰 관심을 가지지 않았다. ( )

03 주제 이해하기

'주제'는 글쓴이가 전하고 싶어 하는 중심 생각이나 내용입니다. 글의 주제를 파악하는 것은 독해의 기본으로, 주제를 알면 글쓴이가 글을 쓴 목적도 알 수 있습니다. 따라서 주제 이해하기야말로 가장 중요한 독해 기술이라고 할 수 있지요.

어떻게 하나요?

'주제 이해하기'는 이렇게 해요!

❶ 글 전체를 빨리 훑어 읽으세요

글을 빨리 훑어 읽으면서 글에 반복해서 나오는 낱말과 표현을 확인하여 글의 핵심 글감을 파악한 다음, 글감에 대한 글쓴이의 태도, 글의 방향성을 살펴보세요. 글쓴이가 사용하는 표현을 통해 글쓴이의 태도와 글의 방향성을 확인할 수 있고, 이것으로 글의 주제를 예상할 수도 있습니다.

❷ 문단의 요지를 파악하세요

여러 개의 문단으로 이루어진 긴 글을 읽을 때는 각 문단에서 글쓴이가 전달하려는 중심 내용(요지)이 무엇인지 파악하는 것이 중요합니다. 문단의 중요 내용을 파악하는 과정에서 글의 주제를 좁혀갈 수 있습니다.

❸ 글의 처음과 끝을 확인하세요

흔히 글의 첫 문단이나 마지막 문단에 글의 주제를 드러내는 문장이 나옵니다. 첫 문단을 읽으면서 어떤 내용이 전개될지 살펴보고, 마지막 문단에서 글쓴이가 글을 어떻게 마무리하는지 확인하세요.

어떻게 묻나요?

이런 질문이 나와요!

- 글에서 주로 다루는 내용은 무엇인가?
- 다음 중 글의 주제는 무엇인가?
- 글을 통해 글쓴이가 전하려는 바는 무엇인가?

 연습하기

글감과
주제 알기 **1** 글을 읽고 질문에 답하시오.

인류가 문자로 역사를 기록하기 이전 시대를 선사 시대라고 한다. 한반도의 선사 시대의 모습은 어땠을까?

한반도의 구석기는 약 70만 년 전에 시작된 것으로 보고 있다. 이 당시는 빙하기에 해당하는 시기여서, 사람들이 추위를 피하기 위해 주로 동굴에 모여 살았다. 채집에 의존해 살아가던 구석기인들은 돌을 깨서 만든 석기인 긁개, 주먹도끼, 찍개, 자르개 등을 썼다. 사냥도 했지만 도구의 한계 때문에 주로 식물의 뿌리나 열매를 채집하며 살았다.

빙하기가 물러가고 기후가 좋아지자 신석기 시대가 열렸다. 이 시대 사람들은 움집을 지어 생활했으며, 돌칼과 돌톱, 작살, 낚싯바늘, 돌바늘, 숫돌 등 돌을 갈아서 만든 간석기를 사용했다. 이때부터 사람들은 사냥과 채집 외에 돌괭이, 돌삽, 돌보습을 이용하여 농사를 짓기 시작했다. 그리고 빗살무늬토기를 빚어 일상생활에 사용했으며, 식물을 이용해 옷감을 짰다.

청동기 시대에는 농사가 확대되었고, 지배계급이 생겨났다. 이 시기에는 청동을 이용해 도구를 만들었다. 하지만 재료를 구하기 어려워 농기구나 일상적인 도구는 석기를 사용했으며, 무기와 제사용 도구만 청동으로 제작했다. 이 당시에 주로 사용한 토기는 무늬가 없고 바닥이 평평한 민무늬토기였다. 청동기 시대의 대표적인 유적은 무덤인 고인돌로, 족장이나 지배층 사람이 묻혔다.

(1) 이 글에서 주로 다루는 내용은 무엇인가?

_____의 모습

(2) 시대별 특징을 정리한 표의 빈칸을 알맞은 말로 채우시오.

구석기	신석기	청동기
(　　　) 위주, 사냥도 함	사냥, 채집, (　　　) 시작	(　　　) 확대, (　　　) 출현
돌을 (　　　) 만든 석기 사용	(　　　) 사용 / (　　　)토기 / 옷감	(　　　) 도구 제작 / (　　　)토기 / 고인돌

박 기자 안녕하세요, 장우경 작가님. 저는 박나래 기자입니다. 바쁘신데도 불구하고 인터뷰에 응해 주셔서 감사합니다. 작가님께서는 요즘 청소년들에게 인기 있는 "먹기, 웃기, 떠들기"라는 웹툰 작품을 연재하시는데요, 미래에 웹툰 작가를 꿈꾸는 청소년들을 대신해 몇 가지 질문을 드리고 싶습니다.

장 작가 만나서 반갑습니다. 우리 청소년들은 무엇이 궁금할까요?

박 기자 우선, 웹툰 작가란 무엇입니까?

장 작가 웹툰 작가는 '웹툰을 그리는 작가'입니다. 웹툰(webtoon)은 영어로 인터넷을 뜻하는 '웹(web)'과 만화를 뜻하는 영어 단어 '카툰(cartoon)'을 합성한 말이죠. 예전에는 만화가들이 종이책에 만화를 실었지만, 최근에는 인터넷에 만화를 올리기 시작하면서 인터넷 연재만을 전문으로 하는 만화가가 생기기 시작했는데, 이들이 바로 웹툰 작가죠.

박 기자 웹툰 작가가 되기 위해서는 어떤 능력이 필요할까요?

장 작가 일단 매력 있는 그림을 그릴 줄 알아야 하고 스토리를 잘 써야 하죠. 아무리 그림이 멋져도 내용이 재미가 없으면 독자에게 외면당합니다.

박 기자 그럼 웹툰 작가로 진로를 정한 경우, 대학 진학할 때에는 어떤 학과를 가는 게 도움이 될까요?

장 작가 만화나 애니메이션, 디자인 학과에서 공부할 것을 추천합니다.

박 기자 그렇군요. 웹툰을 업로드하기 전까지의 작업은 어떻게 진행되나요?

장 작가 크게 러프, 선화, 채색, 효과, 마무리 과정으로 나눌 수 있습니다. 러프는 간략하게 굵은 선으로 바탕 그림 그리기, 선화는 러프를 토대로 정교하게 그리기, 채색은 색칠하기, 효과는 그림에 질감 부여 및 각종 효과 넣기, 마무리는 작품의 완성도를 높이기 위해 마지막으로 만지는 활동이죠. 이중 가장 많은 시간이 들어가는 작업은 선화와 채색입니다.

박 기자 그렇군요. 작가님의 일과는 어떻게 되나요?

장 작가 저는 주로 밤에 작업합니다. 오후 3시부터 다음날 새벽 2, 3시까지 일하고 다음 날 낮 12시까지 잠을 자죠. 하지만 일반 직장인처럼 오전과 낮에 일하는 작가도 많습니다. 하나 알아 두어야 할 점은 프리랜서인 웹툰 작가라고 해서 일반 직장인보다 일이 적지 않다는 것입니다.

모든 것을 자기가 알아서 해야 하므로 어쩌면 업무 범위가 정해진 일반 직장인보다 더 많은 일을 처리해야 하기도 하죠.

박 기자 오늘 인터뷰를 통해 웹툰 작가에 관해 잘 알게 되었습니다. 마지막으로, 미래의 웹툰 작가를 꿈꾸는 청소년들에게 한 말씀 해 주십시오.

장 작가 그림을 잘 그리고 글을 잘 쓴다고 좋은 웹툰 작가가 될 수 있는 것은 아닙니다. 책을 많이 읽고 다양한 경험을 쌓아서 여러분이 미래의 꿈을 이루어 내기를 바랍니다.

(1) 다음 중 이 인터뷰를 한 목적으로 가장 알맞은 것은 무엇인가?

① 만화과 수험생을 모집하기 위해 학과를 홍보하려고

② 웹툰 작가들의 열악한 근무 환경을 개선하려고

③ 웹툰 작가의 업무, 작업 과정, 필요한 능력을 설명하려고

④ 한국의 유명 웹툰 작가와 작품들을 소개하려고

⑤ 한국의 십 대가 열광하는 웹툰을 분석하고 이후 트렌드를 예측하려고

(2) 다음 중 인터뷰를 통해 웹툰 작가에 관해 알 수 없는 사실은 무엇인가?

① 웹툰 작가의 뜻　　② 웹툰의 유래

③ 웹툰 작업 과정　　④ 웹툰 작가의 급여

⑤ 웹툰 작가에게 필요한 능력

(3) 웹툰을 작업하는 과정에 관한 설명을 읽고, 표에 각 과정을 쓰시오.

	굵은 선으로 바탕 그림 그리기
	바탕 그림을 정교하게 그리기
	알맞게 색칠하기
	질감 부여하고 각종 효과 넣기
	작품 완성도를 올리기 위해 마지막으로 만지기

04 문단 이해하기

하나의 중심 내용을 담은 문장과 그것에 대해 부연 설명을 하는 문장으로 이루어진 글 덩어리를 '문단(단락)'이라고 합니다. 글이 긴 설명문이나 논설문을 읽을 때는 문단의 요점과 문단끼리의 연결 관계를 정확하게 파악해야 전체 글을 제대로 이해할 수 있습니다.

어떻게 하나요?

'문단 이해하기'는 이렇게 해요!

❶ 중심 내용을 담은 문장과 부연 설명을 하는 문장을 구분하세요

하나의 문단에는 하나의 요지(중심 내용)를 담은 문장이 있습니다. 그리고 나머지 문장은 중심 내용을 담은 문장을 부연 설명하는 역할을 합니다. 중심 내용을 담은 문장은 일반적으로 문단의 맨 앞에 나오지만, 간혹 끝에 나올 수도 있습니다.

❷ 문단 내에서 내용의 통일성이 지켜지고 있는지 확인하세요

한 문단에는 하나의 요지를 나타내는 문장이 있고, 나머지는 그 요지에 관해 부연 설명하는 문장입니다. 부연 설명하는 문장(들)은 중심 내용을 담은 문장과 자연스럽게 연결되어야 합니다.

❸ 문단끼리의 연결 관계를 파악하세요

여러 개의 문단으로 이루어진 글을 읽을 때 각 문단의 역할과 문단끼리의 관계를 확인하세요. 이것을 파악해야 글을 제대로 이해할 수 있습니다.

어떻게 묻나요?

이런 질문이 나와요!

• 아래 표는 문단별 중심 내용을 정리한 것이다. 빈칸에 들어갈 알맞은 내용을 상자에서 찾아 기호를 쓰시오.

• 〈가〉~〈라〉문단의 중심 문장(요지)을 찾아 쓰시오.

• 조선 시대 성인식에 관해 설명한 문단은 무엇인가?

 연습하기

문단의
요지 알기 **1** 글을 읽고 질문에 답하시오.

식물의 광합성이란 무엇일까? 식물이 햇빛, 물, 이산화탄소를 사용하여 전분을 만드는 활동을 일컬어 광합성이라고 한다. 식물 이파리 뒷면에 넓게 분포된 세포 안 엽록체에서 이러한 광합성이 이루어진다. 식물의 생명 에너지의 근원이 되는 전분은 식물의 뿌리, 줄기, 씨앗에 저장되는 탄수화물로, 식물은 이 탄수화물을 당으로 바꾼 다음 물에 녹여서 온몸에 운반하여 에너지원으로 사용한다. 또한 식물은 광합성을 통해 산소를 배출한다.

• 일컬어 가리켜 말하여 ㉾ 일컫다
• 엽록체 녹색 식물의 세포 안에 들어 있는 작은 녹색 알갱이

(1) 무엇에 관해 주로 설명한 글인가?

식물의 ☐☐☐

(2) 글의 중심 내용이 담긴 문장(요지)을 글에서 찾아 쓰시오.

_____

_____

(3) 흐름상 글에 어울리지 <u>않는</u> 문장을 찾아 쓰시오.

_____

_____

〈가〉 성인은 '어른이 된 사람, 보통 만 19세 이상의 남녀'를 뜻한다. 성인이 되면 어릴 때와는 달리 법적 책임을 져야 하며 주도적으로 경제활동을 하고 결혼을 하고 집을 사고파는 일 등 미성년자였을 때는 하기 힘들거나 할 수 없었던 많은 활동이 가능해진다. ㉠이처럼 성인이 되기 위해 일정한 의식이나 고통의 과정을 거치게 함으로써 어른이 되었다는 자긍심과 책임감을 부여하고 있다.

〈나〉 우리나라를 비롯해 세계 여러 나라에서는 성인이 되었음을 축하하는 성인식을 굉장히 중요하게 여겨, 그 지역의 문화적 전통이 가미된 독특한 방식으로 이를 치렀다. 예를 들어, 뉴질랜드 원주민과 남태평양 펜테코스트 섬에서는 성인이 되는 사람은 질긴 칡 줄기를 발목이나 허리에 감고 30m 높이의 대나무 탑에서 뛰어내려야 했다. ㉡두려움을 이겨내고 이 의식을 통과해야 성인으로 사회에서 인정받았다. 뉴질랜드의 유명한 스포츠인 번지 점프는 바로 이 성인식에서 유래한 것이다. 우리나라의 경우, 조선 시대의 성인식은 관혼상제 중 '관례'에 해당한다. ㉢성별에 따라 부르는 명칭이 달랐는데 남자는 관례, 여자는 계례라고 했다.

〈다〉 ㉣남자의 관례는 15세에서 20세 사이에 행해지는데, 보통 아이의 선생님이나 마을에서 존경받는 어른이 주관하여 의식을 진행한다. 이때 남자아이들은 댕기 머리 대신 상투를 틀고 그 위에 복건, 초립 등의 관을 썼다. 관을 쓴다는 것은 사회 구성원으로서 성인에게 요구되는 책임과 의무를 다하며, 결혼을 통해 가정을 만들 수 있는 권리를 생겼음을 뜻했다.

〈라〉 여자의 계례는 나이가 15세가 되거나 생리가 시작될 때 행해지며, 이전의 댕기 머리 대신 긴 머리로 쪽을 지어 비녀를 꽂는 의식을 행했다. 계례에서 '계'는 비녀를 뜻한다. ㉤친척 중에서 예의 바르고 심성이 고운 여자 어른이 주관자가 되어 진행하는데, 계례를 치르면 남자와 동등한 권리를 가지며 결혼도 하고 사회생활도 가능했다. 계례는 음식을 준비한 후, 여자가 방으로 들어가 비녀를 꽂은 후 배자라는 옷을 입고 사당으로 가 제사를 지낸 다음 손님에게 음식을 대접하는 것으로 끝난다.

• 자긍심 자기 자신에게 긍지를 가지는 마음
• 가미된 본래의 것에 다른 요소가 보태진   웹 가미되다
• 주관하여 어떤 일을 맡아 책임져   웹 주관하다
• 쪽 결혼한 여자가 뒤통수에 틀어 올려 비녀를 꽂은 머리털

(1) 밑줄 친 ㉠~㉤ 중 글의 흐름과 어울리지 <u>않는</u> 것을 고르시오.

① ㉠   ② ㉡   ③ ㉢   ④ ㉣   ⑤ ㉤

(2) 빈칸에 알맞은 말을 글에서 찾아 써서 조선 시대의 성인식을 간단히 정리하시오.

> 조선 시대에는 사람이 열다섯 살 정도가 되면 성인식이 열렸다. 남자의 성인식을 관례, 여자는 (   )라고 부른다. 남자는 상투를 틀고 그 위에 (   )을 쓰고, 여자는 댕기 머리 대신 쪽을 지어 (   )를 꽂는다. 이 의식은 마을이나 친척 중에 존경받는 어른이 주관했으며, 이 의식을 거쳐 한 명의 사회 구성원으로서 인정을 받게 되었다.

(3) 아래 질문에 해당하는 문단의 기호를 쓰시오.

① 조선 시대 남자의 성인식에 관해 설명한 문단은 무엇인가?   _____문단

② 조선 시대 여자의 성인식에 관해 설명한 문단은 무엇인가?   _____문단

③ '성인'의 정의에 관해 설명한 문단은 무엇인가?   _____문단

(3) 〈나〉~〈라〉문단의 요지를 담은 문장을 글에서 찾아 쓰시오.

- 〈가〉: _____

  _____

- 〈나〉: _____

  _____

- 〈다〉: _____

  _____

- 〈라〉: _____

  _____

글의 갈래 알기

글은 크게 문학적 성격의 글(소설, 수필, 시, 희곡, 시나리오, 설화 등)과 비문학 성격의 글(설명문, 보고서, 연구서, 기사 등)로 나뉩니다. 하지만 글의 형식이나 목적에 따라 더 세부적으로 다양하게 나눌 수 있습니다. 같은 성격의 글을 한데 묶어 나눌 때 쓰는 용어를 '갈래'라고 합니다. 갈래는 '종류'나 '장르'와도 바꾸어 쓸 수 있지요. 글의 갈래가 무엇인지 알면 어떤 부분에 집중해서 읽어야 하는지 독해의 방향을 제대로 잡을 수 있습니다.

어떻게 하나요?

'글의 갈래 알기'는 이렇게 해요!

❶ 글의 형식을 파악하세요.

글은 형식에 따라 운율이 있는 시로 대표되는 '운문(운율이 있는 글, 시)'과 규범에 얽매이지 않고 자유롭게 문장으로 쓴 글인 '산문'으로 구분합니다.

❷ 글의 목적이 무엇인지 생각해 보세요.

글의 갈래를 목적으로 분류하자면 크게 '주장하고 설득하는 글(논설문)', '정보를 알리는 글(설명문, 기사, 보고서 등), '느낌이나 감정을 표현, 독자에게 즐거움과 감동을 주려는 글(소설, 신화, 전기, 감상문, 기행문, 생활문(일기, 편지), 시 등)'으로 나눌 수 있습니다.

❸ 기행문, 설화, 전기와 같은 글의 성격과 특징을 알아 두세요.

글에 들어가야 하는 요소를 알면 그 글의 갈래를 파악하기 쉽습니다. 예를 들어, 기행문에는 '여정', '견문', '감상'의 세 요소가 들어가야 합니다. 여정은 '여행의 과정이나 일정', 견문은 '여행에서 보고 듣고 겪으면서 알게 된 것', 감상은 '견문으로 얻은 느낌이나 생각'을 말합니다. 전기는 한 인물의 생애와 업적, 성격 등을 사실에 근거하여 기록한 글로, 독자에게 교훈과 감동을 주는 것이 목적입니다. 따라서 실존 인물의 출생과 죽음, 업적 등 사실이 바탕이 되어야 합니다. 설화는 한 민족 안에서 오랫동안 전해 내려오는 이야기로 신화, 전설, 민담으로 나뉩니다. 이 중 신화는 나라의 건국이나 한 민족이 모시는 신, 민족의 영웅에 대한 옛사람들의 생각이 반영된 것으로, 설화에는 사람이 알에서 태어나거나 사람과 동물이 대화하는 등 과학적 사실과는 반대되는 신기한 일들이 벌어집니다.

어떻게
묻나요?

이런 질문이 나와요!

• 이 글의 종류는 무엇인가?
• 이와 같은 글을 무엇이라고 하는가?
• 다음 중 글의 갈래를 알게 하는 요소는 무엇인가?
• 이 글의 갈래를 알게 하는 내용 두 가지를 찾아 쓰시오.
• '여정', '견문', '감상'의 기준에서 밑줄 친 ㉠~㉣이 각각 어디에 해당하는지 분류하시오.

글의
갈래 알기 **1** 글을 읽고 질문에 답하시오.

　㉠지난 금요일에 아버지와 함께 백제의 수도였던 공주에 있는 무령왕릉에 갔다. 무령왕릉은 공주시 송산리 고분군에 있으며, 일곱 개의 고분 중 하나이다. 다른 무덤들은 일제강점기에 모두 도굴되었지만, 존재가 알려지지 않았던 무령왕릉은 다행히 도굴되지 않았다고 한다. 무령왕릉은 1971년 고분 지역에서 배수로 공사를 하던 중 우연히 발견되어 그 존재가 세상에 드러났다.

　㉡무령왕릉으로 들어가자 제일 먼저 무덤의 통로인 연도를 볼 수 있었다. 이 연도에서 뿔이 달린 짐승 조각과 지석이 발견되었는데, 이 지석 덕분에 학자들은 무덤의 주인이 무령왕임을 밝혀낼 수 있었다고 한다. ㉢사실 나는 지석보다는 뿔이 달리고 웃는 듯한 표정의 짐승 조각이 너무 귀여웠다.

　무령왕릉은 커다란 바위에 구멍을 뚫은 후 벽돌을 쌓아 만든 '전축분'이라는 무덤 형식으로 만들어졌다고 한다. 네 개의 벽돌을 가로로 쌓은 후 벽돌 한 개를 세로로 쌓는 방식인데, 천오백 년 전에 백제인들의 정성과 노력이 정말 대단하게 느껴졌다. 시신을 안치했던 방에 들어가자 지붕이 아치 모양으로 되어 있는 것이 눈에 들어왔다. ㉣고대 로마인이 건물을 지을 때 주로 사용했던 방식인 아치는 다른 기둥 없이도 튼튼한 구조물을 만들 수 있다고 한다. 왕과 왕비의 시신이 안치되어 있던 관과 3,000점이 넘는 유물은 공주 박물관으로 옮겨져 여기서는 볼 수가 없었다.

　㉤처음에 무덤에 들어갈 때는 조금 무서웠지만, 아름답게 지어진 무령왕릉 내부를 보고 나니 무서움은 어느새 사라졌다. 책에서만 보았던 무령왕릉을 직접 보니 훨씬 생생하고 아름다웠다. 그 아름다움은 앞으로도 오랫동안 기억날 것 같다.

- 도굴 허가받지 않고 남의 무덤을 파내는 행위
- 지석 죽은 사람에 관한 정보나 무덤 소재를 기록하여 묻은 판
- 안치 시신이나 위패를 소중히 모시어 둠

무령왕릉의 지석 ⓒ 문화재청 국가문화유산포털

(1) 이 글의 종류는 무엇인가?

    ① 감상문   ② 기행문

    ③ 논술문   ④ 기사문

    ⑤ 전기

(2) '여정', '견문', '감상'의 기준에서 밑줄 친 ㉠~㉤가 각각 어디에 해당하는지 분류하여 기호를 쓰시오.

여정	견문	감상

글의 갈래 알기 ② 글을 읽고 질문에 답하시오.

'신라'라는 나라가 정식으로 세워지기 전, 경주 땅에는 알천 양산촌, 돌산 고허촌, 자산 진지촌, 무산 대수촌, 금산 가리촌, 명활산 고야촌이라는 여섯 마을이 있었습니다. 하루는 여섯 마을 촌장들이 알천 언덕에 모여 덕이 있는 임금님을 찾아 나라를 세우자고 회의를 했습니다.

촌장들은 높은 산에 올라가 덕이 있는 사람을 찾기 시작했습니다. 그때 남쪽에 있는 '나정'이라는 우물 옆에서 커다랗고 밝은 빛이 보였습니다. 자세히 보니 하얀 말이 나정 옆에서 절을 하고 있었습니다. 촌장들은 급히 산에서 내려와 나정으로 달려갔습니다. 사람들의 발소리에 놀란 말은 길게 울고는 하늘로 올라갔는데, 절을 하던 자리에 커다란 자주색 알이 놓여 있었습니다. 신기하게 쳐다보던 촌장 하나가 조심스럽게 알을 건드리자 알이 쪼개지며 우렁찬 울음소리와 함께 사내아이가 나왔습니다. 이 아이를 데리고 냇가로 가서 목욕을 시키고, '박혁거세'라고 성과 이름을 지었습니다. 성인 '박'은 박처럼 생긴 알에서 나왔다고 하여 붙였고, 이름인 '혁거세'는 밝은 세상이라는 뜻이었습니다.

박혁거세는 열세 살에 왕으로 추대되었고, 용의 옆구리에서 나온 알영과 결혼했으며, 신라의 첫 번째 왕으로서 신라를 60여 년간 다스렸습니다.

• 덕 사려 깊고 착한 어진 성품   • 추대 윗사람으로 받들어 모심

(1) 다음 중 이 글의 종류는 무엇인가?

　　① 박혁거세의 전기　　　　　　② 박혁거세 책에 관한 독후감

　　③ 신라 건국에 관한 보고서　　　④ 경주 여행 후 쓴 기행문

　　⑤ 박혁거세 탄생에 관한 설화

(2) 이 글의 갈래를 알게 하는 내용 세 가지를 쓰시오.

　　1. _____

　　2. _____

　　3. _____

글의 갈래 알기 3 글을 읽고 질문에 답하시오.

　혀를 날름거리며 바닥을 소리 없이 기어 다니는 뱀. 뱀은 왜 혀를 날름거리는 걸까요?

　뱀은 시력이 나빠서 가까운 거리에 있는 것만 볼 수 있다고 합니다. 또한 귀가 퇴화하여 없어져서 소리를 들을 수도 없습니다. 이런 약점을 보완하기 위해 혀가 발달했습니다.

　그렇다면 뱀은 혀를 이용해서 먹잇감을 어떻게 사냥할까요? 땅을 기어 다니는 뱀은 온몸으로 진동을 느낄 수 있습니다. 진동을 느끼면 뱀은 혀를 날름거리면서 바람을 타고 날아온 냄새를 위턱에 있는 '야콥슨'이란 기관에 집어넣어 냄새를 구분합니다. 그 냄새가 먹이인 개구리 종류라고 판단되면 바로 사냥에

나섭니다. 두 갈래로 갈라진 혀로 먹이가 내는 소리의 진동을 느끼고 소리가 나는 방향과 거리를 정확히 알아냅니다. 결국 뱀이 혀를 날름거리는 이유는 먹이의 종류와 위치를 알아내기 위해서입니다.

• 퇴화 복잡한 기능을 했던 기관이 단순한 역할을 담당하는 기관으로 축소되는 것
• 보완 부족한 부분을 채워 완전하게 함
• 진동 물체가 흔들려서 움직이는 것

(1) 이와 같은 글을 무엇이라고 하는가?

① 논술문　　　　　　　　② 일기

③ 감상문　　　　　　　　④ 설명문

⑤ 기행문

(2) 다음 중 글의 갈래를 알게 하는 요소는 무엇인가?

① 대상을 묘사하고 그 감상을 전달하고 있다.

② 대상을 찾아가는 여정과 견문이 담겨 있다.

③ 질문을 주고 답이 되는 정보를 설명하고 있다.

④ 매일 세밀하게 관찰한 내용을 기록하고 있다.

⑤ 주장을 말하고 주장을 뒷받침하는 근거를 제시하고 있다.

(3) 뱀이 혀를 날름거리는 이유는 무엇인지 쓰시오.

_____

_____

1942년 영국에서 태어나 2018년에 사망한 스티븐 호킹 박사는 역사상 아인슈타인 다음으로 가장 뛰어난 물리학자라는 평가를 받는다.

호킹 박사는 어린 시절부터 호기심이 많고 기계 만지는 것을 좋아했다. 과목 중에서는 특히 수학과 물리를 좋아하고 잘했던 학생으로서, 큰 꿈을 품고 케임브리지 대학원에 입학했다.

어느 날부터 그는 신발 끈을 혼자서 묶지 못하고 여기저기 몸을 부딪치는 등 이상이 나타나자 병원에 갔고, '루게릭병'이라는 진단을 받게 되었다. 루게릭병은 온몸의 근육이 점점 마비되고 나중에는 언어장애까지 오는 병으로, 완치되지 않는 희소병이다. 시간이 지날수록 그의 상태는 점점 나빠져 걸을 수가 없어서 전동휠체어를 타고 다녀야 했으며, 말을 하려면 음성 합성기라는 특수한 장치의 도움을 받아야 했다. 제대로 소리를 낼 수 없었기 때문에 강연할 때 보좌하는 사람이 여러 개의 카드를 보여 주면 눈을 깜박거려서 할 말을 표시하곤 했다.

병원에서는 호킹 박사가 오래 살지 못할 것이라고 했지만, 호킹 박사는 좌절하지 않고 연구에 몰두해서 그의 최대 성과인 블랙홀 이론을 발표하여 물리학계에서 큰 업적을 쌓았다. 그는 블랙홀이 주위의 물질을 빨아들일 뿐만 아니라 이를 밖으로 내보내는데, 내보내는 양이 많아지면 블랙홀 자체가 사라질 수도 있다고 주장했다. 그의 주장이 사실로 밝혀지면서 그동안 과학계에서 믿었던 블랙홀의 영원성은 잘못된 것으로 증명되었다.

그 밖에도 그는 장애인을 위한 시설 설립에 앞장섰고, 환경과 인공지능 문제에도 깊게 관심을 가졌다. 그는 천체 물리학을 많은 어린이가 쉽게 이해할 수 있도록, 딸과 함께 〈조지의 우주를 여는 비밀 열쇠〉라는 아동 과학 동화를 쓰기도 했다.

호킹 박사는 손발을 움직이거나 말하는 것도 힘든 장애인이었지만, 상황이 아무리 나빠도 살아 있는 한 누구에게나 희망이 있고 성공할 수 있다는 것을 자기 삶에서 증명했다.

- 완치 병을 완전히 고침
- 희소병 매우 드물어서 잘 걸리지 않는 병
- 보좌하는 윗사람을 도와 일을 처리하는 ⑧ 보좌하다
- 성과 이루어 낸 결실. 보람
- 블랙홀 극단적으로 강한 중력의 힘으로 빛이나 소리 등 모든 것을 빨아들이는 영역

블랙홀

(1) 다음 중 이 글의 종류는 무엇인가?

① 전기 　　　　　　　　　② 설화

③ 편지 　　　　　　　　　④ 기행문

⑤ 독후감

(2) 호킹 박사에 관한 설명으로 바른 것에는 ○, 바르지 않은 것에는 ×를 표시하시오.

① 세계적으로 유명한 물리학자로, 블랙홀 이론을 발표했다. 　　　(　)

② 딸과 함께 어린이를 위한 천체 물리학 동화를 썼다. 　　　(　)

③ 물리학 외의 다른 분야에는 아예 관심이 없었다. 　　　(　)

④ 루게릭이라는 병에 걸려 큰 장애를 얻게 되었다. 　　　(　)

⑤ 목소리를 낼 수 없어서 다른 사람이 강연을 대신했다. 　　　(　)

(3) 호킹 박사가 발표한 블랙홀 이론이 무엇인지 쓰시오.

_____

_____

_____

글의 구성 알기

글쓴이는 목적에 따라 글의 주제와 요지를 가장 효과적으로 드러낼 수 있는 방식으로 글을 씁니다. 글의 구성 방식을 알면 글에서 중요한 정보를 쉽게 찾을 수 있고 글을 구성하는 문단들의 관계도 잘 이해할 수 있습니다. 대표적인 구성 방식으로는 '나열', '원인과 결과', '비교와 대조', '순차적 구성'이 있습니다.

어떻게
하나요?

○ '글의 구성 알기'는 이렇게 해요!

❶ 글이 주로 정보나 의견을 '나열'하고 있는지 확인하세요

'첫째(첫 번째), 둘째(두 번째), 셋째(세 번째)…, 마지막으로'와 같은 말(표시어)과 함께 주제와 관련된 정보나 의견이 계속 나온다면 '나열' 방식으로 쓰인 글입니다. 어떤 정보가 나열되었는지 확인하면서 글을 읽으세요.

❷ 주로 '원인과 결과'를 설명하는 글인지 확인하세요

글의 주된 내용이 발생한 일의 인과관계를 설명하는 것이라면, 그 글은 '원인과 결과' 방식으로 쓰인 것입니다. 이때는 주로 '왜 ～할까? ～한 이유(원인)을 알아보자(살펴보자)'와 같은 말이 서론에 나옵니다. 글 전체에 '왜냐하면, ～하기 때문이다, 따라서, 그래서' 등의 표시어가 자주 나오는지도 확인하세요.

❸ 두 가지 이상을 '비교/대조'하면서 내용을 전달하는지 확인하세요

어떤 두 가지 항목의 비슷하거나 같은 점 또는 다른 점을 설명하는 것은 '비교/대조' 방식입니다. 서론에 'A와 B의 공통점 또는 차이점을 알아보자'와 같은 말이 나오면 비교 또는 대조 방식으로 쓴 글임을 알 수 있습니다. '비교'를 나타내는 말(표시어)에는 '～와 마찬가지로, ～처럼, ～같이', '대조'를 나타내는 표시어는 '그러나, 그런데도' 등이 있습니다.

④ 정보(내용)를 시간 순서나 절차에 따라 설명하는지 확인하세요

시간 흐름에 따라 이야기가 진행되거나 절차에 따라 어떤 일을 설명하는 글의 구성 방식은 '순차적 구성'입니다. '순차적 구성'임을 알려 주는 표현(표시어)으로는 '어릴 때, 어른이 되어, 1918년에, 2017년 3월에' 등 '시간'을 알려 주는 말이나 '먼저, 첫째(로), 둘째(로), 그다음에, 마지막으로' 등 '절차적 순서'를 나타내는 말이 있습니다. '순차적 구성'은 설명 순서를 바꾸면 절대로 안 된다는 점에서 '나열'과 다릅니다.

어떻게
묻나요?

이런 질문이 나와요!

- 이 글은 어떤 방식으로 쓰인 글인가?
- 다음 중 글의 내용을 전개한 방법으로 가장 알맞은 것은 무엇인가?
- 글의 구성 방식을 알려 주는 표현이나 표시어를 글에서 찾아 쓰시오.
- 글이 쓰인 주된 방식이 '원인과 결과'임을 표시하는 말을 찾아 쓰시오.

글의 구성 방식 알기 ① 글을 읽고 질문에 답하시오.

그리스 로마 신화를 보면 하늘을 난 인간에 관한 이야기가 나옵니다. 아테네의 발명가 다이달로스의 아들인 이카로스는 미궁에 갇히자 새의 깃털을 모아 밀랍으로 촘촘하게 붙여 날개를 만든 다음 날아서 미궁을 빠져나갔다고 합니다. 비록 태양에 가까이 가는 바람에 밀랍이 녹아 바다에 빠져 죽었지만요. 이 신화에서 알 수 있듯이 새처럼 하늘을 나는 것은 인간의 아주 오랜 꿈이었습니다. 그렇다면 인간은 언제 처음 날게 되었을까요?

최초로 하늘을 나는 데 성공한 사람은 프랑스의 로지에입니다. 그는 공기보다 가벼운 기체가 든 기구를 타고 1783년 10월 비행에 성공합니다. 1891년에는 독일의 릴리엔탈이라는 사람이 날개의 양력을 이용하는 글라이더를 최초로 만들어서 비행에 성공합니다.

그러나 미국의 라이트 형제가 등장하기 전까지는 비행기로 하늘을 날 수 없었습니다. 그들은 1900년과 1901년에 글라이더를 타고 시험 비행을 했습니다. 그 후 1903년 12월 17일, 라이트 형제는 직접 만든 가솔린 기관을 비행기에 장치하여, 동력을 이용한 비행기로 약 12초 동안 36m를 비행했습니다! 이것은 인류가 동력 비행기로 비행에 성공한 최초의 기록입니다. 1905년에 그들은 비행기 성능을 더 높여 40km를 38분 만에 비행하는 기록까지 세우게 됩니다.

실패 끝에 라이트 형제는 결국 날기 적합한 비행기 몸체와 기관을 제작하여 비행에 성공하였고, 그 이후부터 비행기는 급속도로 발전하여 오늘날 우리는 안전하게 빠르게 하늘을 날 수 있게 되었습니다.

• 기구 풍선 같은 모양의 특수 천에 가스를 넣어 공중에 뜨게 만든 물체
• 양력 새의 날개 또는 비행기 날개에 작용하여 중력에 반대되는 위 방향으로 작용해 물체를 공중에 띄우는 힘
• 동력 전기나 자연 에너지를 기계적 에너지로 바꾼 것

(1) 이 글의 내용은 어떻게 전개되는가?

    ① 라이트 형제가 세운 최초의 비행 기록을 나열하였다.

    ② 로지에, 릴리엔탈, 라이트 형제들의 업적을 비교하였다.

    ③ 비행에 성공한 시간 순서에 따라 인류 비행의 역사를 설명하였다.

    ④ 라이트 형제가 비행에 관심을 갖게 된 원인에 초점을 맞추었다.

(2) 글의 구성 방식을 알려 주는 표현 및 표시어를 찾아 적으시오.

_____

_____

(3) 아래 상자에서 알맞은 내용을 찾아 인류의 비행 역사를 정리한 표의 칸에 기호를 쓰시오.

연도	사람	성취/기록
1783년 10월		
1891년	릴리엔탈(독일)	
1903년 12월 17일		
1905년	라이트 형제(미국)	40km 비행 성공(38분 소요)

    ㉠ 동력 비행기로 최초의 비행 성공 – 12초 동안 36m 비행

    ㉡ 로지에(프랑스)

    ㉢ 라이트 형제(미국)

    ㉣ 최초의 글라이더로 비행 성공

    ㉤ 기구를 타고 인류 최초로 비행 성공

이웃 나라인 한국과 일본은 문화적으로 비슷한 점이 많습니다. 하지만 양국이 독자적인 문화를 꽃피우면서 서로 다른 점도 많지요. 한국과 일본의 식사 예절을 비교하여 어떤 차이점이 있는지 살펴봅시다.

한국에서는 밥그릇을 상에 두고 숟가락으로 밥을 떠서 먹습니다. 밥그릇을 들고 먹는 것은 예의에 어긋난다고 생각하죠. 국도 숟가락으로 먹고 젓가락은 반찬을 집을 때만 사용합니다. 하지만 일본 사람들은 젓가락 위주로 쓰기 때문에 밥공기나 국그릇을 왼손으로 들고 입에 대고 마십니다. 놋그릇을 많이 쓴 우리 조상들과 달리 일본은 나무 그릇을 많이 썼기 때문에 뜨거운 그릇을 손으로 잡기 편해서 숟가락 대신 젓가락 위주로 쓰게 되었다는 설이 있습니다.

또 다른 차이점은 한국은 밥에 여러 가지 반찬을 한데 섞어 비빔밥으로 먹거나 밥 한 숟갈에 반찬을 여러 개 같이 먹는 것이 특징입니다. 그러나 일본은 원래 여러 개의 맛을 섞어서 먹지 않았습니다. 밥 한 숟갈에 반찬 하나가 기본이지요.

그리고 요즘은 달라졌지만, 예전에 한국 사람들은 여러 사람이 찌개 하나에 숟가락을 넣고 같이 먹었습니다. 하지만 일본은 여러 사람이 한 음식을 함께 먹지 않았기 때문에 찌개를 덜 국자를 별도로 준비해야 하죠.

일본은 식사할 때 젓가락 위주로 쓰기 때문에 젓가락 예절이 무척 까다로워졌다고 합니다. 한국에서는 내가 쓰던 젓가락으로 반찬을 집어 다른 사람 밥 위에 올려놔 줘도 되고 음식을 젓가락으로 찍어 먹어도 상관없습니다. 하지만 일본에서는 음식을 젓가락으로 주거나 받아서는 안 되며, 심지어 사람들 앞에서 젓가락을 핥아서도 안 됩니다.

(1) 이 글의 구성 방식은 어떠한가?

① 일본의 음식 문화의 특징 위주로 나열하였다.

② 한국과 일본의 식사 예절의 공통점을 비교하였다.

③ 한국의 비빔밥을 만드는 과정을 순서대로 설명하였다.

④ 한국과 일본의 식사 예절을 비교하여 차이점을 설명하였다.

⑤ 일본이 음식을 왜 젓가락 위주로 먹게 되었는지 원인을 분석하였다.

(2) 글의 구성 방식을 알려 주는 표현 및 표시어를 찾아 적으시오.

_____

_____

_____

(3) 한국의 식사 예절에 관한 설명에는 '한국', 일본의 식사 예절에 관한 설명에는 '일본'을 쓰시오.

① 밥그릇과 국그릇을 입 근처까지 들어서 먹는다.　　　　　　（　　　　）

② 밥 한 숟갈에 여러 개의 반찬을 한꺼번에 먹는다.　　　　　（　　　　）

③ 내 젓가락으로 음식을 집어 다른 사람에게 건네서는 안 된다.（　　　　）

④ 밥그릇과 국그릇을 상 위에 두고, 밥과 국은 숟가락으로 먹는다.（　　　　）

⑤ 여러 사람이 자기 숟가락으로 찌개 하나를 같이 떠서 먹어도 된다.（　　　　）

글의 갈래 알기 3 글을 읽고 질문에 답하시오.

　식물은 번식하기 위해 어떤 방법을 쓸까? 일반적으로 식물은 스스로 이동할 수 없기 때문에 씨앗을 퍼뜨려 자손을 늘린다. 식물이 씨앗을 퍼뜨리는 방법을 살펴보자.

　첫째, 씨앗을 바람에 날려 보내는 방법이 있다. 민들레는 씨앗이 솜털에 매달려서 날아가고, 단풍나무 씨앗은 얇은 날개를 두르고 프로펠러처럼 날아간다.

　둘째, 동물을 이용해 이동하는 방법이 있다. 크게 두 가지 방법이 있는데, 하나는 화려한 색깔의 열매로 새를 불러들여 먹힌 후 소화되지 않은 그 열매의 씨앗이 새가 똥을 쌀 때 함께 밖으로 퍼지는 방법이다. 다른 하나는 열매 끝에 달린 갈고리처럼 구부러진 가시로 동물 털에 붙어서 동물이 이동할 때 함께 멀리 이동하는 방법이다.

셋째, 나무에서 떨어져서 굴러가는 방법이 있다. 침엽수 열매처럼 형태가 둥근 것들은 떨어지면 잘 굴러가기 때문에 멀리까지 이동할 수 있다. 이렇게 이동한 열매가 땅에 묻혀 씨앗에서 싹을 틔운다.

그 외에도, 쉽게 찢어지는 열매껍질에 싸여 있어서 작은 자극에도 스스로 튀어 나가는 방법, 해안가에서 자라기 때문에 열매를 떨어뜨려 물에 띄워서 멀리까지 보내는 방법도 있다.

• 번식하기 생물 수가 많이 늘어서 널리 퍼지기 ⑧ 번식하다

(1) 이 글은 내용이 어떻게 전개되는가?

① 식물의 번식 방법을 나열했다.

② 식물이 열매를 맺는 이유를 설명했다.

③ 씨앗을 퍼뜨리는 여러 방법의 장점을 비교했다.

④ 열매 형태에 따른 번식의 유리함을 설명했다.

⑤ 씨앗이 자라 식물로 성장하는 과정을 소개했다.

(2) 글의 구성 방식을 알려 주는 표현 및 표시어를 찾아 쓰시오.

_____

_____

(3) 다음 중 글의 내용에 관한 설명으로 바르지 않은 것은 무엇인가?

① 바람을 타고 씨앗을 퍼뜨리는 식물들이 있다.

② 열매껍질이 찢어지면 튀어 나가는 씨앗도 있다.

③ 동물을 이용하여 씨앗을 퍼뜨리는 방법은 한 가지이다.

④ 열매가 둥글면 잘 굴러가므로 씨앗이 멀리까지 이동할 수 있다.

⑤ 해안가 근처 식물은 열매를 물에 떨어뜨려 물에 열매를 흘려 보낸다.

글의 갈래 알기 ④ 글을 읽고 질문에 답하시오.

　가끔 우리 귀에 들릴 정도로 크게 배에서 꼬르륵 소리가 날 때가 있습니다. 배에서 꼬르륵 소리가 나는 이유는 무엇일까요? 배가 고프다는 신호일까요? 꼬르륵 소리가 나는 원인은 소장의 운동에 있습니다. 소장은 한두 시간 간격으로 활발하게 움직입니다. 소장 운동은 특히 식후 두세 시간 경에 가장 강력하게 일어나는데, 이때 장 속에 남아 있던 음식물 찌꺼기와 공기나 액체를 강하게 훑어 내려보내면서 꼬르륵 소리가 크게 나죠. 즉, 배에서 꼬르륵 소리가 나는 것은 배가 고파서가 아니라 소장 운동이 매우 활발하게 일어나고 있기 때문입니다.

• 훑어 물체의 표면에 붙은 것을 깎거나 떨어지게 하여　ᆁ 훑다

(1) 이 글은 어떤 방식으로 쓰인 글인가?

　　① 나열　　　　　　　　② 원인과 결과

　　③ 비교와 대조　　　　　④ 순차적 구성

(2) 글의 구성 방식을 알려 주는 표현 및 표시어를 찾아 쓰시오.

_____

_____

(3) 배에서 꼬르륵 소리가 나는 이유가 무엇인지 쓰시오.

_____

_____

요약하기

글을 핵심적인 내용으로만 짧게 간추리는 것을 '요약하기'라고 합니다. 글을 제대로 요약하려면 중요한 정보를 나타내는 핵심어와 주제, 요점을 잘 파악해야 합니다.

어떻게 하나요?

 '요약하기'는 이렇게 해요!

❶ 문단의 요지와 글의 구성 방식을 파악하세요

문단의 중심 내용(요지)과 중요한 정보를 파악하고, 문단별로 이를 따로 정리해 두는 게 좋습니다. 또한 글의 구성 방식을 알면 어떤 정보에 집중해야 하는지 더 정확하게 알 수 있습니다.

❷ 글의 구조를 파악하여 요약표를 짜 보세요

문단별 중심 내용을 파악한 다음에는 중요 정보와 핵심어를 정리해 글의 요약표를 짜 봅시다. 논설문처럼 주장과 근거로 이루어진 글은 일반적으로 서론(처음), 본론(가운데), 결론(끝)으로 나눠 요약할 수 있습니다. 서론에서는 글쓴이의 주장과 그 주장에 관한 상황을 소개하고, 본론에서는 주장에 대한 근거를 제시합니다. 결론에서는 글을 정리하며 다시 한번 글쓴이의 주장을 강조합니다.

❸ '발단-전개-절정-결말'에 따라 이야기를 짧게 정리하세요

소설과 같은 이야기 형식의 글은 '발단—전개—절정—결말'이라는 네 단계로 나눌 수 있습니다. 발단은 '이야기가 시작되는 부분', 전개는 '사건(갈등)이 시작되는 부분', 절정은 '사건으로 인해 긴장감이 높아지는 부분', 결말은 '사건이 해결되는 부분'입니다. 이야기의 '누가, 언제, 어디서, 무엇을, 어떻게, 왜'에 해당하는 정보를 분류하여 네 단계 틀에 알맞게 정리해 봅시다.

어떻게 묻나요?

 이런 질문이 나와요!

• 찬성 측과 반대 측의 의견을 정리하여 토론을 요약하시오.
• 일이 벌어진 순서에 따라 상자 안의 ㉠~㉣을 나열하시오.

 **연습하기**

중요 정보 알기 **①** **표의 빈칸을 알맞은 내용으로 채워 이야기를 요약하시오.**

옛날에 이야기를 잘하는 사람과 못하는 사람이 이웃에 살고 있었어. 이야기를 못하는 사람은 항상 이야기를 잘하는 사람이 부러워서 그의 이야기를 귀담아듣곤 했지.

하루는 둘이 산에 나무를 하러 갔어. 잠시 쉬는데, 꿩 한 마리가 슬금슬금 다가오는 모습을 보고 이야기 잘하는 사람이 혼잣말을 했지. "슬금슬금 오는구나."

이야기 못하는 사람은 새로운 재미난 이야기인가 싶어서 이 말을 열심히 외웠어. 꿩이 두리번거리며 주위를 살피니까 이야기 잘하는 사람은 또 혼잣말로 "두리번두리번 살피는구나."라고 했지. 이야기 못하는 사람은 이 말도 외웠어. 이번에는 꿩이 두 사람을 빤히 쳐다보는 거야. 그 모습을 보고 이야기 잘하는 사람은 말했어. "조기 조기 조 눈깔." 당연히 이것도 이야기 못하는 사람은 잊지 않으려고 열심히 외웠어.

이야기 못하는 사람은 집에 와서 저녁을 먹을 때 식구들에게 재미있는 이야기를 해 주겠다고 했지. 그런데 마침 도둑이 그 집에 슬금슬금 들어왔어. 그때 갑자기 큰 소리가 났지. "슬금슬금 오는구나!"

도둑은 깜짝 놀라 두리번두리번 사방을 살폈어. 그런데 갑자기 또 소리가 나는 거야. "두리번두리번 살피는구나."

도둑은 더욱 놀라, 누가 방에서 자기를 보고 있나 싶어 조심스럽게 방을 들여다봤어. 그때였지. 남자의 우렁찬 목소리가 들리는 거야. "조기 조기 조 눈깔!"

도둑은 화들짝 놀라 그 길로 도망쳐 버렸다고 하네?

발단	이야기 잘하는 사람과 이야기 ( ) 사람이 이웃에 살고 있었다.
전개	둘이 나무를 하러 산에 올라갔을 때 이야기 ( ) 사람은 ( )의 움직이는 모습을 보면서 그 행동을 묘사했다.
절정	이야기 ( ) 사람의 집에 ( )이 들었는데 그는 누군가가 자기 행동을 정확하게 묘사하는 것에 깜짝 놀랐다. "( ) 오는구나.", "( ) 살피는구나.", "( )!"
결말	깜짝 놀란 ( )은 도망쳤다.

추론하기

주어진 정보를 바탕으로 인물의 성격, 이후에 발생할 법한 사건, 글에 명확히 언급되지 않은 원인 등을 미루어 짐작하는 독해 기술을 '추론하기'라고 합니다. 추론은 논리적 사고력이 필요한 아주 높은 수준의 독해 기술입니다.

어떻게
하나요?

'추론하기'는 이렇게 해요!

❶ 글에 나온 정보(내용)를 바탕으로 추측하세요

추론할 때는 반드시 글에 나온 정보(내용)를 바탕으로 판단해야 합니다. 문제를 풀 때 이미 알고 있던 지식을 바탕으로 판단을 내리는 것이 아니라, 글에 나온 내용과 정보만 근거로 삼아야 합니다.

❷ 앞뒤 내용의 자연스러운 연결을 생각하며 읽으세요

이후에 벌어질 일 또는 인물이 할 것 같은 말이나 행동을 예상하는 문제가 나오면, 내용을 연결했을 때 흐름이 자연스러운 선택지를 골라야 합니다.

❸ 인물의 말과 행동으로 인물의 성격을 짐작하세요

등장인물의 성격을 짐작하는 문제를 풀 때는 인물의 말이나 행동을 묘사한 문장, 또는 인물에 관해 설명한 문장을 주의해서 읽어야 합니다.

어떻게
묻나요?

이런 질문이 나와요!

- 다음 중 이후에 벌어질 것 같은 일을 고르시오.
- 글을 통해 짐작할 수 있는 의사의 성격은 어떠한가?
- 〈보기〉의 내용을 글에 추가한다면 어느 문단에 들어가야 가장 어울릴지 고르시오.

1 글을 읽고 질문에 답하시오.

유대인의 격언 중에 이런 말이 있다. "당신의 혀에는 뼈가 없다는 것을 항상 기억하라." ㉠

우리 주변에는 남의 비밀을 함부로 떠벌리고 다니거나, 조용히 다른 사람의 이야기를 듣고 있어야 할 때 눈치 없이 말을 꺼내거나, 너무 말이 많고 수다 떨기를 좋아하는 사람들을 흔히 볼 수 있다. ㉡ 이런 사람들은 항상 남의 이야기를 하고 다니기 때문에, 처음에는 유쾌하고 즐거운 사람 같아서 친해지고 싶은 마음이 들 수 있지만, 시간이 지날수록 '이 사람이 어디 가서 내 얘기도 막 하고 다니겠구나'라는 불안감을 갖게 된다. ㉢

말을 아끼면 사람 사이에서 실수할 일이 적어진다. 한 번 내뱉은 말은 주워 담을 수 없기 때문에 말에 실수가 없으면 남에게 상처를 줄 일도, 말 때문에 싸우게 되는 일도 준다. 거기에 더해 상황에 적절한 말을 할 줄 아는 사람은 신뢰를 얻고 깊은 우정을 쌓을 수 있다. ㉣

말은 사람의 '제2의 얼굴' 또는 '또 다른 인격'이라고도 한다. ㉤ 말의 중요성을 깊이 생기고, 말을 너무 많이 하거나 쓸데없는 말을 하지 않도록 늘 조심하는 것이 어떨까?

· 격언 인생을 올바르게 살 수 있도록 방향을 제시해 주는 명언

(1) ㉠~㉤ 중 아래 주어진 문장이 들어가기에 알맞은 곳은 어디일까?

> 이 말은, 혀는 내 의지와는 상관없이 제멋대로 움직일 수 있으므로 쓸데없는 말을 하지 않도록 늘 조심하라는 뜻이다.

① ㉠　　　② ㉡　　　③ ㉢　　　④ ㉣　　　⑤ ㉤

(2) 이 글의 요지(교훈)를 드러낸 문장을 글에서 찾아 쓰시오.

_____

_____

옛날 어느 마을에 일찍이 부모님을 여의고 단둘이 사는 젊은 부부가 있었다. 그 부부의 소원은 부모를 모시고 사는 것이었다.

하루는 남편이 장에 갔는데 장사꾼들이 모여 이상한 이야기를 하고 있었다.

"소문 들었나? 천 냥에 아버지를 판다는 놈이 있다지? 아무리 살기 힘들어도 어찌 제 아비를 팔아?"

듣다 보니 이상해서 남편은 그들에게 물었다.

"그게 무슨 소리오? 천 냥에 아버지를 판다니? 헛소문 아니오?"

"뭐 하러 실없는 소리를 하겠소? 저쪽 골목에 방도 붙어 있으니 가서 보시오."

남편이 가서 방을 보니 그 소문은 사실이었다. 남편은 집으로 돌아와서 아내에게 그 이야기를 하였다.

"참 웃긴 세상이오. 우리 같은 사람은 부모님이 안 계셔서 슬픈데, 누구는 자기 아버지를 팔겠다니. 세상에 그런 불효자가 어디 있나."

"여보, 그 어르신 사정이 너무 딱하네요. 우리가 그 아버지를 모셔 옵시다."

"나도 그러고는 싶지만, 대체 천 냥을 어디서 구한단 말이오?"

"여기저기서 돈을 빌려 봐요. 우린 젊으니까 어떻게든 갚겠죠. 그런 자식과 함께 살아야 하는 어르신을 생각하면 마음이 아프잖아요."

그날부터 두 내외는 돈을 열심히 꾸러 다녔지만 천 냥이나 되는 돈을 쉽게 구할 수는 없었다. 그러던 어느 날, 남편은 길을 가다가 갑작스런 소나기를 피해 어느 집에 들어갔다. 그 집에는 할머니 한 분이 있었는데, 남편은 그 할머니와 이런저런 이야기를 나누다가 자기 부부가 어느 불쌍한 아버지를 모시려고 돈을 빌리러 다니고 있다고 말하게 되었다. 남편의 이야기를 들은 할머니는 천 냥을 선뜻 빌려주었다. 남편은 꼭 갚겠다고 약속하고, 부부는 그 길로 아버지를 판다는 집을 물어 찾아갔다.

"아니, 이렇게 좋은 집에서 살면서 아버지를 판다고? 정말 고얀 놈이군."

"이 집 어르신이 얼마나 힘드실까요? 여보, 어서 들어갑시다."

부부는 집으로 들어가 사람을 불렀다. 그러자 한 노인이 나왔다.

"무슨 일로 오셨소?"

"아버지를 판다는 소문을 듣고 찾아왔소이다. 방을 붙인 아드님이신 것 같은데, 여기 돈이 있으니 내가 아버님을 모시고 갈 수 있게 해 주시오."

"그런 노인은 데려다 뭐 하려고 그러시오?"

늙은 아버지를 팔아먹는 놈 주제에 별것을 다 묻는다 생각했지만, 남편은 차분하게 대답했다.

"우리 내외는 어려서 부모님을 여의고 외롭게 살아서 부모를 모시고 사는 게 평생의 소원이오. 비록 남의 아버지라도 내 아버지처럼 여기고 모시고 살고 싶소."

그 말은 들은 노인은 덩실덩실 춤을 추며 남편과 아내의 손을 잡았다.

"내가 바로 그 아버지요. 난 마누라, 자식이 없소. 그렇게 평생 외롭게 혼자 살아서 무얼 하겠소? 양아들이라도 얻어 같이 살고 싶었소. 그렇지만 내 돈만 보고 오는 사람은 피하고 싶어서 그 방을 붙였지. 내 처지를 딱하게 여기고 와 준 당신 부부에게 정말 고맙소. 나도 그토록 바라던 아들과 며느리를 얻었으니 소원을 풀었군."

· 여의고 일찍 죽어 이별하고 ⓦ 여의다
· 방 사람들에게 알리려고 길거리 등에 써 붙인 글
· 고약 성미가 고약한

(1) 부부의 소원은 무엇이며, 왜 그것을 소원하게 되었는지 쓰시오.

· **소원:** ＿＿＿＿＿＿＿＿＿＿＿＿＿＿＿＿＿＿＿＿＿＿＿＿

· **이유:** ＿＿＿＿＿＿＿＿＿＿＿＿＿＿＿＿＿＿＿＿＿ 때문에

(2) 노인은 어떤 사람인 것으로 짐작되는가?

① 인색하다　　　　　　② 지혜롭다

③ 냉정하다　　　　　　④ 어리석다

⑤ 허영심이 강하다

(3) 이후에 펼쳐질 것 같은 내용으로 가장 알맞은 것은 무엇인가?

① 부부는 노인의 돈을 뺏고 노인을 집에서 내쫓았을 것이다.

② 할머니와 노인이 만나 가정을 이루고 행복하게 살았을 것이다.

③ 부부가 할머니에게서 빌린 돈을 갚지 못해 마을에서 도망쳤을 것이다.

④ 젊은 부부가 노인 마음에 들지 않아서 노인은 그들과 헤어졌을 것이다.

⑤ 가족을 원한 부부와 노인의 마음이 서로 맞아 행복하게 살았을 것이다.

적용 및 문제 해결하기

독해의 목적은 단순히 글의 내용을 잘 이해하는 것에 그치지 않습니다. 이해한 정보나 내용을 다른 상황에 적용하거나 다른 문제를 해결하는 데 활용하는 응용력을 키우는 것이야 말로 우리가 글을 읽는 궁극적인 목적일 것입니다. 이러한 '적용하기' 또는 '문제 해결하기'는 높은 수준의 독해 실력입니다.

어떻게
하나요?

'적용 및 문제 해결하기'는 이렇게 해요!

❶ 정보를 잘 분류하고 정리하세요

글을 읽을 때 관련 있는 정보끼리 따로 분류해서 표시하거나 별도로 표에 정리해 두면 좋습니다.

❷ 글의 정보, 글의 주제 및 교훈을 다른 상황에도 적용해 보세요

'적용하기'나 '문제 해결하기' 기술이 필요한 문제를 풀 때, 자기가 이미 알고 있는 지식에 비추어 답을 생각하는 게 아니라 글에서 다루는 정보를 바탕으로 답을 골라야 합니다. 글에서 얻은 정보를 다른 상황이나 문제에 적용 및 해결하는 것 외에도, 글의 주제나 요지, 글에서 얻을 수 있는 교훈을 상황에 맞춰 적용해 볼 수도 있습니다.

어떻게
묻나요?

이런 질문이 나와요!

- 다음 중 글에 나온 것과 같은 '가치의 문제'는 무엇인가?
- 미세먼지를 줄이기 위해 일상에서 실천할 방안으로 거리가 먼 것은 무엇인가?
- 글을 참조해 〈보기〉의 문제를 효과적으로 해결할 방법을 아래 상자에서 <u>모두</u> 고르시오.

 연습하기

정보
적용하기 **1** 글을 읽고 아래의 각 문장에 들어갈 알맞은 것을 고르시오.

우리가 평소에 자주 혼동하여 사용하는 단어에는 어떤 것들이 있을까? 아래 예문을 읽어 보자.

(가) 나는 네 생각과 틀려.

(나) 크리스마스에 스키장에 간다는 얘기를 듣고 얼마나 기뻤든지 춤을 췄다.

둘 중 올바른 문장은 없다. (가)의 경우, '틀리다'가 아니라 '다르다'를 사용하여 "나는 네 생각과 달라"라고 써야 하고, (나)는 "크리스마스에 스키장에 간다는 얘기를 듣고 얼마나 기뻤던지 춤을 췄다"라고 써야 한다.

위의 문장에는 우리가 평소 자주 헷갈려서 잘못 쓰는 대표적인 단어가 사용되었다. 그러나 '다르다'와 '틀리다', '-든지'와 '-던지'의 뜻을 정확하게 알면 잘못 쓸 일이 없어질 것이다.

먼저 '다르다'와 '틀리다'의 뜻을 살펴보자. '다르다'에는 '비교하는 두 대상이 서로 같지 않다'와 '보통 것보다 뛰어나거나 두드러지다'라는 뜻이 있고, '틀리다'는 '사실이 아니고 그르다', '하려던 일이 순조롭게 진행되지 못하다', '마음이나 생각이 비뚤어지다'라는 뜻이다.

'-든지'와 '-던지'의 차이도 자주 헷갈리는데, '든지'는 '나열하여 선택할 경우'에 쓰는 표현이다. "가든지 말든지 알아서 해."라는 예를 보면 이해가 쉬울 것이다. '던지'는 '과거의 일'을 표현할 때 쓴다. "호준이가 어릴 때 얼마나 말랐던지 별명이 멸치였어."와 같은 예를 통해 알 수 있듯 '던지'는 보통 '얼마나'와 함께 써서 '과거의 일을 강조해서 표현'하는 말이다.

(1) 제철 과일과 채소는 하우스에서 재배한 것과는 정말 맛이 (달라/틀려).

(2) 오늘 (가든지/가던지) 내일 (가든지/가던지) 난 상관없어.

(3) 이 옷과 저 옷은 비슷해 보여도 디자인이 조금 (다르다/틀리다).

(4) 우리가 도서관에서 얼마나 시끄럽게 (떠들었든지/떠들었던지) 사람들이 째려봤다.

(5) 걔는 공부를 못하니까 무시해도 된다고? 그건 네 생각이 (틀린/다른) 거야!

(6) 길이 너무 막혀서 시간 안에 영화관에 도착하기는 (다른/틀린) 것 같아.

감상하기

모든 글에는 글쓴이가 전달하려는 바가 있고, 그것을 잘 전달하기 위하여 글쓴이는 특정한 낱말과 표현을 선택하여 글을 씁니다. 이렇게 글쓴이가 선택한 언어는 글의 독특한 어조와 분위기를 만들어 냅니다. 글의 전체적인 분위기를 파악하는 것은 글의 주제, 요지, 목적을 아는 데 도움이 됩니다. 그리고 글이 나타내려는 내용이나 주장의 범위 안에서 자기 느낌이나 의견도 적절하게 표현할 줄 알아야 합니다.

어떻게
하나요?

'감상하기'는 이렇게 해요!

❶ 글의 분위기를 결정하는 표현에 주목하세요

글의 분위기를 파악하는 것은 문학 작품을 이해할 때뿐만 아니라, 논설문처럼 글쓴이의 주장과 의견이 나타나는 글을 읽을 때도 중요합니다. 글의 분위기를 알면 글쓴이가 어떤 방향으로 내용이나 의견을 전개하려고 하는지 쉽게 이해할 수 있죠. 글에 쓰인 낱말이나 표현이 어떤 어감을 전달하는지 주의 깊게 확인하며 글을 읽으세요.

❷ 글의 주제와 요지, 핵심 내용을 이해하세요

글의 주제 및 요지, 글에서 전달하는 핵심 내용을 이해하면 글쓴이의 의도에 맞게 글을 감상할 수 있습니다. 글을 잘 감상하면 읽은 내용을 더욱 더 깊게 이해할 수 있고, 생각을 확장해 나가는 데에도 도움이 됩니다.

어떻게
묻나요?

이런 질문이 나와요!

- 글에서 느껴지는 글쓴이의 태도는 어떠한가?
- 다음 중 글의 분위기로 알맞지 <u>않은</u> 것을 고르시오.
- 다음 중 글의 내용과 어울리지 <u>않은</u> 감상을 말한 친구는 누구인가?

 연습하기

글 감상하기 **1** 글을 읽고 질문에 답하시오.

어느 날, 마을의 중요한 일을 결정하려 랍비 몇 명이 모이기로 했습니다. 그런데 당일 회의장에는 예정보다 한 사람이 많았습니다. 초대하지 않은 랍비 한 명이 모임에 끼어 있었던 것이죠. 회의를 주최한 랍비는 말했습니다.

"죄송하지만, 오늘 모임에 초대받지 않은 분은 나가 주십시오."

랍비들은 서로 눈치를 보며 웅성거렸습니다. 어수선한 분위기에서 아무도 일어나지 않자 회의 주최자는 차가운 목소리로 다시 말했습니다.

"그분 때문에 회의가 늦어지고 있어요! 그러니 어서 나가 주시죠!"

그러자 한 나이 지긋한 랍비가 일어서서 방을 나갔습니다. 그는 회의에 초대도 받고, 많은 랍비가 스승으로 여기는 분이었습니다. 깜짝 놀란 회의 주최자는 그의 뒤를 쫓아 나가 붙잡았습니다.

"선생님께서는 회의에 참석하셔야죠! 초대도 받으셨는데 왜 나가십니까?"

"초대받지 않은 사람은 실수로 이 자리에 온 것일 거요. 보는 눈들이 있는데 나가야 한다면 얼마나 무안하고 상처를 받겠소? 사람에게 굴욕감을 느끼게 해서는 안 되오. 오늘 모인 랍비들은 지혜로운 사람들이니 함께 상의해서 결정을 내리도록 하시오."

• (나이) 지긋한 나이가 비교적 많은 ⑧ 지긋하다 • 무안하고 부끄러워 사람을 볼 낯이 없고 ⑧ 무안하다

(1) 글의 주제에 관해 글쓴이의 태도나 의견을 드러내는 표현에 '밑줄'을 그으시오.

(2) 글의 교훈을 잘 이해하여 감상을 말한 친구를 고르시오.
① 보미: 문제가 발생하지 않도록 처음부터 꼼꼼하게 일을 처리해야 해.
② 덕진: 나이 많은 사람들의 지혜를 존중하고 그들을 공손히 모시는 게 정말 중요해.
③ 지혜: 여러 사람 앞에서 남을 무안하게 하는 것은 잘못된 일이고, 그런 일을 한다고 해서 자기가 대단한 사람이 되는 것도 아니야.
④ 정욱: 초대받지 않은 자리에 나타나는 것은 뻔뻔하고 다른 사람에게 피해를 주는 행위야.
⑤ 윤경: 나이 많은 사람이 끼어 있으면 젊은 사람들이 자유롭게 의견을 말할 수 없어. 나이 많은 사람은 알아서 자리를 비켜 주는 게 지혜야.

[1-7] 다음 글을 읽고 문제를 풀어 보시오.

〈가〉 우리 몸의 뼈는 어른이 206개, 어린이가 300개 정도다. 개수가 차이 나는 이유는 사람이 성장하면서 뼈가 서로 결합하여 그 수가 줄기 때문이다. 뼈는 살아 있는 조직이다. 성장하고, 부러지면 스스로 붙기도 한다. 이빨도 뼈인데, 이빨이 자라고 썩기도 하는 것을 떠올리면 '뼈가 살아 있다'는 말을 이해할 것이다. 뼈는 살아 있는 조직이기 때문에 영양이 적절하게 공급되어야 한다. 뼈가 없다면 우리 몸은 살로만 이루어져 해파리처럼 흐느적거릴 것이다. 뼈는 근육과 함께 작용하여 우리 몸을 움식이게 한다. 뼈에 붙은 근육이 늘어났다 줄어들었다 하면서 뼈가 움직이고, 운동을 하게 된다.

〈나〉 우리 몸에 있는 근육의 수는 600개가 넘는다고 한다. 근육은 뼈에 붙어 있고 뼈를 움직이게 한다. 하지만 뼈를 움직이려면 근육 외에도 두 가지가 더 필요하다. 바로 힘줄과 인대다. 힘줄은 뼈에 근육을 붙여 주는 역할을 하는데, 매우 강하고 유연하지만, 탄력성은 없다. 인대는 뼈와 뼈를 연결하는 일을 하며, 힘줄과 비슷해 육안으로 구별하기는 조금 어렵다. 하지만 근육과 뼈를 연결하는 것은 힘줄, 뼈와 뼈를 연결하는 것은 인대라고 기억하면 쉽게 구별할 수 있다. 인대를 만져보고 싶다면 팔꿈치나 어깨, 무릎에 튀어나온 뼈의 밑부분을 만져 보면 된다. 뼈와 뼈 사이에 단단하지만 약간의 탄력이 느껴지는 것이 바로 인대다.

〈다〉 그러나 모든 뼈가 움직이는 것은 아니다. 머리뼈와 가슴뼈, 갈비뼈는 움직이지 않으며, 이 뼈들은 우리 몸의 가장 중요한 신체 기관을 보호하는 일을 한다. 머리뼈는 뇌와 눈, 코, 귀를 보호하며, 가슴뼈와 갈비뼈는 심장과 폐를 보호한다.

〈라〉 우리 몸에 존재하는 뼛속에는 빨갛고 말랑한 골수가 있다. 여기서 적혈구와 백혈구가 만들어지는데, 적혈구는 몸의 각 조직으로 산소를 운반하고 백혈구는 우리 몸에 들어온 나쁜 균들과 싸우는 역할을 한다. 그리고 뼈는 칼슘이라는 영양소를 저장해 우리 몸에 칼슘에 부족해질 때 신속히 공급하는 일을 한다.

• 작용 어떤 운동 또는 현상을 일으킴
• 유연하지만 (움직임이) 부드럽고 연하지만 ⓦ 유연하다
• 육안 안경이나 다른 기구의 사용 없이 직접 보는 눈
• 말랑한 연하고 부드러운 ⓦ 말랑하다

1 다음 중 이 글의 종류는 무엇인가?

① 설화   ② 설명문
③ 논설문   ④ 전기
⑤ 생활문

 2 아래 질문에 해당하는 문단의 기호를 쓰시오.

(1) 골수의 역할이 설명된 문단은 무엇인가?   _____문단

(2) 몸을 움직이게 하는 뼈의 역할을 설명한 문단은 무엇인가?   _____문단

(3) 몸의 중요 장기를 보호하는 뼈가 소개된 문단은 무엇인가?   _____문단

(4) 근육 외에 뼈를 움직이게 하는 다른 조직이 설명된 문단은   _____문단
    무엇인가?

3 몸의 각 조직과 그 역할을 알맞게 선으로 연결하시오.

(1) 인대   •   • (가) 산소 운반

(2) 적혈구   •   • (나) 뼈와 뼈를 연결

(3) 힘줄   •   • (다) 몸에 침입한 나쁜 균을 물리침

(4) 백혈구   •   • (라) 근육과 뼈를 연결

4 적혈구와 백혈구가 만들어지는 말랑한 조직을 무엇이라고 하는가?

_____

글에 관한 설명 중 바르지 <u>않은</u> 것은 무엇인가?

① 뼈도 영양 공급이 필요한 살아 있는 조직이다.

② 사람 몸의 뼈 수는 206~300개 정도이다.

③ 우리의 몸을 움직이게 하는 것은 뼈, 근육, 힘줄, 인대다.

④ 사람의 뼈 중 머리뼈, 가슴뼈, 갈비뼈는 움직이지 않는다.

⑤ 사람 몸의 근육은 300개 정도로, 성장하면서 수가 준다.

다음 중 뼈에 관해 알 수 <u>없는</u> 사실은 무엇인가?

① 뼈의 개수   ② 뼈의 역할

③ 움직이지 않는 뼈   ④ 뼈의 구성 성분

⑤ 뼈와 연관 있는 조직

글에서 찾은 알맞은 말로 아래 표의 빈칸을 채워 글을 요약하시오.

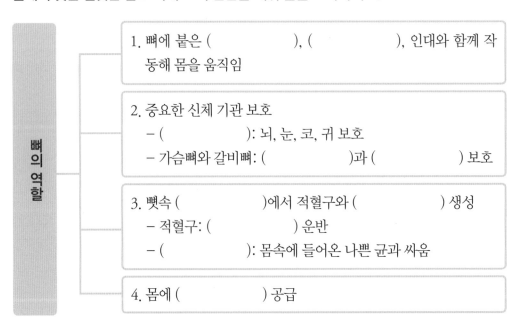

[8-13] 다음 글을 읽고 문제를 풀어 보시오.

주변에 살이 쪘다고 고민하는 친구들이 있나요? 사실, 청소년기에는 건강하게 신체가 발달하는 것이 중요하기 때문에 영양소의 균형이 잡힌 식사를 한다면 조금 많이 먹어도 괜찮습니다. (㉠   ) 빵이나 케이크와 같은 탄수화물을 많이 섭취하는 것은 좋지 않습니다. 탄수화물은 비만의 주범이기 때문에 탄수화물 섭취는 줄이는 것이 좋습니다. 적당한 양의 음식을 먹고 일정량의 운동을 해야 건강하면서도 날씬한 몸매를 얻을 수 있지요. 하지만 먹는 양 자체가 너무 많아서 양을 좀 줄이고 싶은 친구들에게 좋은 팁을 하나 알려 줄게요. 음식 담는 그릇만 바꿔도 식욕을 조절할 수 있어요.

집에서 쓰는 그릇을 살펴보세요. 흰색 그릇이 많지 않나요? 다른 색깔 접시도 있겠지만 흰색이 많을 거예요. 그런데 흰색은 식욕을 돋우는 색이에요. 흰색은 음식을 화사하고 깨끗하게 보이게 하여 식욕을 불러일으키는 색이라고 하네요. 흰색뿐 아니라 선명하고 강한 빨간색, 화사한 노란색과 주황색, 부드러운 분홍색도 입맛을 돋게 하는 색이라고 합니다.

그렇다면 반대로 식욕을 떨어뜨리는 색깔에는 무엇이 있을까요? 여러 색이 있지만, 으뜸은 파란색이라고 합니다. 파란색 밥이나 국수가 있다고 상상해 보세요. 먹었을 때 차가울 것 같고 음식이 상했을 것 같은 느낌이 들지 않나요? 차가운 파란색은 사람들의 식욕을 떨어뜨린다고 합니다. (㉡   ) 먹는 양 자체를 줄이고 싶을 때는 파란색 그릇에 음식을 담는 것이 효과적이라고 하네요. 보라색과 검은색 또한 음식이 상하거나 썩은 것 같은 느낌을 주어서 입맛을 떨어뜨린다고 합니다.

이제 음식을 더 맛있어 보이게 해서 많이 먹고 싶을 때, 반대로 식욕을 누르고 싶을 때 어떤 색깔의 그릇을 쓰면 좋을지 알겠죠?

• 주범 나쁜 결과를 초래한 주된 원인
• 일정량 일정하게 정해진 양

무엇에 관해 중점적으로 다루는 글인지 쓰시오.

$$\boxed{}\boxed{}$$에 영향을 끼치는 그릇의 $$\boxed{}\boxed{}$$

밑줄 친 '돋우는'의 뜻을 알려 주는 유의어를 글에서 찾아 쓰시오.

_____

빈칸 ㉠과 ㉡에 들어갈 말을 알맞게 짝지은 것은 무엇인가?

	㉠ — ㉡		㉠ — ㉡
①	그렇지만 — 그래서	②	그리고 — 그러나
③	예를 들어 — 하지만	④	따라서 — 왜냐하면
⑤	그런데 — 게다가		

글에 관한 설명 중 바른 것에는 ○, 바르지 <u>않은</u> 것에는 ×를 표시하시오.

(1) 식욕을 가장 많이 떨어뜨리는 색깔은 파란색이다. ( )

(2) 살이 찌고 싶지 않다면 탄수화물 섭취를 줄여야 한다. ( )

(3) 흰색, 보라색, 검은색은 음식이 상한 것처럼 보이게 한다. ( )

(4) 빨간색, 노란색, 주황색은 식욕을 강하게 돋우는 색이다. ( )

글에 따르면, 건강하게 살을 빼고 싶은 사람이 취할 방법으로 알맞지 <u>않은</u> 것은 무엇인가?

① 적당한 운동하기

② 먹는 양 조절하기

③ 영양 균형이 잡힌 식사하기

④ 탄수화물을 아예 먹지 않기

⑤ 식욕을 떨어뜨리는 색깔의 그릇 쓰기

13 다음 중 글에서 중요 정보를 전달한 방식으로 알맞은 것은 무엇인가?

① 올바른 다이어트 방법을 나열하였다.

② 살을 빼는 효과적인 운동법의 순서를 설명하였다.

③ 식욕을 일으키는 색과 억제하는 색을 비교하였다.

④ 청소년기에 식욕이 왕성해지는 이유를 설명하였다.

⑤ 탄수화물이 인체에 미치는 영향을 분석하였다.

[14–16] 다음 글을 읽고 문제를 풀어 보시오.

새해가 밝았구나! 식구들은 모두 몸 건강히 잘 있느냐?

내가 비록 멀리 떨어져 있으나 매일 가족 걱정에 잠을 설치고 있단다. ㉠특히 남편으로서 함께 있어 주지 못하여 너희 어머니께 미안하구나. 나 대신 너희가 어머니를 성심껏 잘 보살펴 주기 바란다. 오늘은 몇 가지 당부할 말이 있어 편지를 쓰니 마음에 깊이 새기도록 하여라.

아들들아, 사내는 새해를 맞으면 마음의 자세나 행동을 새롭게 해야 한다. 작년을 돌아보며 잘못된 점은 없는지 앞으로 무엇을 해야 더 나은 사람이 될 수 있는지를 항상 고민하도록 하여라.

나는 젊은 시절, 해가 바뀔 때 한 해의 공부 과정을 미리 머릿속에 그려 보곤 했단다. 어떤 책을 읽을 것이며 어떤 글을 쓸 것인지 생각하고 그것을 실천했지. ㉡물론 제대로 실천하지 못할 때도 있었지만, 하려는 의지나 작년보다 더 나아지고자 하는 마음은 없어지지 않았다.

그런데 너희들은 대체 어떻게 된 것이냐? 여태껏 너희 공부에 관하여 무수히 많은 당부와 염려를 편지에 써서 보냈는데 아무 대답이 없구나. 읽은 책에 대한 의견을 말하지 않고 질문도 하지 않으니 어찌 된 셈이냐? ㉢하지만 너희가 아직 어리니 책 읽기보다는 밖에서 놀고 싶은 마음이 더 크다는 것도 이해한다.

너희는 아비인 나의 당부를 이렇게 가볍게 여긴단 말이냐? ㉣내 비록 지금 유배된 몸이지만 이곳에서도 글 읽기를 소홀히 한 적이 없다. 내가 밤낮으로 불안해하며 돌아가고 싶어 하는 것은 너희 때문이다.

마음에 작은 성의라도 있다면 아무리 밖이 혼란스러워도 반드시 실천하고 그것을 통해 조금이라도 발전하는 법인데 너희는 어찌하여 스스로 포기하려고 하느냐? ㉤지금이라도 크게 뜻을 세워 하문에 매진한다면 나중에 반드시 큰 선비가 될 것이다.

(정약용이 두 아들에게 쓴 편지)

• 유배 옛날에 죄인을 환경이 열악한 먼 곳으로 귀양 보내는 형벌
• 매진한다면 온 마음과 힘을 다해 무엇인가를 해 나간다면 ⑱ 매진하다

 밑줄 친 ㉠~㉤ 중 글의 흐름과 어울리지 않는 것을 고르시오.

① ㉠   ② ㉡   ③ ㉢   ④ ㉣   ⑤ ㉤

 이 편지에서 짐작할 수 있는 것으로 알맞지 않은 것을 고르시오.

① 화자는 가족을 몹시 그리워한다.

② 편지를 쓴 사람과 받는 사람은 부모 자식 관계이다.

③ 화자는 자식 교육에 관심이 많고 열성적인 것 같다.

④ 화자는 멀리 유배를 가서 가족과 함께하지 못하는 상황이다.

⑤ 화자는 자기가 이루지 못한 꿈을 자식이 이루어 주길 바라고 있다.

16 다음 중 편지를 읽고 적절한 감상을 말한 친구는 누구인가?

① 미나: 자식은 부모에게 효도해야 해. 부모님이 하라는 것은 무조건 따르는 게 옳아.

② 현준: 아들들이 공부를 열심히 하고 있는지 아닌지 직접 본 것도 아닌데 아버지가 함부로 판단하고 있는 것 같아.

③ 제욱: 편지에 자식이 인격적으로나 학문적으로 더 성장하길 바라는 아버지의 사랑과 관심이 잘 나타나 있어서 뭉클해.

④ 경미: 공부를 열심히 하든 말든 그것은 개인의 자유야. 부모라 해도 자꾸 공부하라고 잔소리하는 것은 옳지 않다고 생각해.

⑤ 준경: 아들들이 공부하기 싫어하고 게으른 것 같아. 하기 싫어하는데 억지로 공부를 시킬 필요는 없으므로 자식이 좋아하는 일을 하도록 격려해 주는 게 좋을 것 같아.

[17~20] 다음 글을 읽고 문제를 풀어 보시오.

조선의 첫 번째 왕 태조 이성계의 다섯째 아들인 이방원은 머리가 좋고 판단력이 뛰어났다. ㉠그는 자기 아버지의 조선 건국을 방해하는 세력을 척결하는 데 앞장섰다. 그런 이방원이 가장 큰 걸림돌로 생각한 것은 당대의 뛰어난 시인이자 문장가이면서 고려의 충신으로 백성의 신망이 높은 정몽주였다. (가)

정몽주, 그는 어떤 사람이었나? 과거에 합격한 정몽주가 입궐하는 날, 그의 어머니는 손수 만든 예복을 아들에게 입혔다. 정몽주는 예복의 안감이 붉은 것을 보고 어머니에게 물었다.

"어머니, 예복 안감을 왜 붉은 천으로 만드셨습니까?"

"너는 앞으로 고려의 충신이 되어 일편단심으로 임금을 보필해야 한다. 평생 그 뜨거운 마음을 지키며 살라고 붉은색 천을 썼으니 명심하거라." (나)

그런 정몽주를 제거해야 한다고 이방원은 이성계에게 여러 차례 이야기했으나 이성계는 반대했다. 이성계는 정몽주를 죽이면 백성이 새로운 나라를 기꺼이 받아들이지 않을 것이라고 예상했다. 그래서 ㉡그는 끝까지 정몽주를 설득하려고 했다. 정몽주의 마음을 돌려세워 조선 건국에 참여하게 하면 정몽주를 존경하고 따르는 백성의 마음을 얻을 수 있을 것으로 여겼기 때문이다. 그러나 이방원은 정몽주가 결코 고려를 배신하지 않으리라 생각했다. (다)

하루는 이성계의 병문안을 마치고 돌아가던 정몽주를 이방원이 집으로 초대했다. 술상을 앞에 두고 이방원은 정몽주에게 시를 한 수 읊었다.

  이런들 어떠하리 저런들 어떠하리
  만수산 드렁칡이 얽혀진들 어떠하리
  우리도 이같이 하여 백 년까지 누리리

이 시에는 고려를 버리고 새로운 나라인 조선을 섬기면서 부귀영화를 함께하자는 뜻이 숨어 있었다. 시의 뜻을 눈치챈 정몽주는 말했다. "나도 시 한 수 올리겠소."

  이 몸이 죽고 죽어 일백 번 고쳐 죽어
  백골이 진토 되어 넋이라도 있고 없고
  님 향한 일편단심이야 가실 줄이 있으랴

(라) 어머니가 건넨 예복의 의미처럼 정몽주는 백번을 죽어도 고려를 버리지 않겠다는 자신의 다짐을 시를 통해 전달했다. 정몽주는 결국 이방원에게 죽임을 당했지만, 정몽주의 고려를 향한 충심과 그의 시는 계속 전해 내려오고 있다. (마)

• 신망 믿고 기대하는 마음
• 척결 부정적이거나 나쁜 것들을 찾아 없앰
• 읊었다 소리를 내어 시를 읽거나 지었다 ㉻ 읊다
• 부귀영화 많은 재산과 높은 지위를 갖고 누리는 호화로운 생활
• 진토 티끌과 흙을 이르는 말
• 가실 달라지거나 없어질 ㉻ 가시다

 17 밑줄 친 ㉠과 ㉡의 '그'가 각각 누구를 뜻하는지 글에서 찾아 쓰시오.

  • ㉠: _____

  • ㉡: _____

이성계는 정몽주를 제거해야 한다는 이방원의 의견을 왜 반대했는가?

① 정몽주가 자기 목숨을 살려 준 생명의 은인이어서

② 정몽주가 이성계에게 충성을 맹세한 좋은 신하여서

③ 정몽주가 이방원을 견제할 힘을 가진 인물이어서

④ 정몽주를 지켜달라는 그 어머니와의 약속을 지키고 싶어서

⑤ 정몽주의 마음을 얻어야 백성의 지지도 얻을 수 있다고 생각해서

 (가)~(마) 중 아래 문장이 들어가기에 가장 알맞은 곳은 어디일까?

> 정몽주는 어머니의 당부대로 자기 일처럼 나랏일을 살폈고, 이성계가 고려를 버
> 리고 새로운 나라를 건국하자고 제의했을 때도 흔들리지 않았다.

① (가)   ② (나)   ③ (다)   ④ (라)   ⑤ (마)

 다음 중 글의 내용에 알맞지 않은 것은 무엇인가?

① 정몽주의 어머니는 아들에게 충성심을 강조했다.

② 정몽주는 고려를 배신해서 백성에게 죽임을 당했다.

③ 이방원은 정몽주의 마음을 돌려세우려고 했지만 실패했다.

④ 이방원은 정몽주를 조선 건국에 큰 걸림돌로 생각했다.

⑤ 이방원과 정몽주는 각자가 지은 시를 통해 서로의 뜻을 확인했다.

무엇을 읽을까

독해 주제

1과 적성과 진로   2과 사회와 생활

3과 문학과 예술   4과 사람과 역사

5과 과학과 환경

1과 적성과 진로

여러분은 커서 어떤 직업을 갖고 싶은가요? 진로를 정할 때는 어떤 직업이 있는지, 직업의 특성과 자격 조건은 어떤지 등 직업에 관해 구체적으로 알고 있어야 할 뿐 아니라, 내가 좋아하는 일과 잘하는 일이 무엇인지도 고려해야 합니다.

목표 다음 독해 기술을 이용해 봅시다.

- ○ 낱말 이해하기
- ☑ **내용 파악하기**
- ☑ **주제 이해하기**
- ☑ **문단 이해하기**
- ☑ **글의 갈래 알기**
- ☑ **글의 구성 알기**
- ☑ **요약하기**
- ☑ **추론하기**
- ☑ **적용 및 문제 해결하기**
- ○ 감상하기

교과서 연계
- [5학년 1학기] 국어 10단원 '주인공이 되어'
- [5학년 2학기] 국어 5단원 '여러 가지 매체 자료'
- [5학년] 실과 '진로' 단원
- [6학년 1학기] 국어 8단원 '인물의 삶을 찾아서'
- [6학년 2학기] 국어 5단원 '글에 담긴 생각과 비교해요'

나의 적성뿐 아니라 직업의 특성과 주된 업무를 알면 나에게 알맞은 직업을 선택하기가 더 쉬워집니다. 아래 주어진 설명과 연관 있는 직업을 〈보기〉에서 찾아 써 봅시다.

1

- 어떤 종류의 책이 독자에게 필요할까 생각한다.
- 좋은 저자를 찾아 원고를 의뢰한다.
- 원고를 다듬어서 책으로 출간한다.

2

- 발과 머리로 공을 자유자재로 다루는 기술을 익힌다.
- 체력을 기르고 빨리 달릴 수 있게 연습한다.
- 경기 규칙과 전술을 익히고, 동료와 협력하며 경기하는 방법을 배운다.

3

- 학생들의 이야기를 잘 듣고 생활 지도를 한다.
- 학생들을 위해 열심히 수업을 준비하고 진행한다.
- 수업이나 학교생활에 필요한 물품을 준비하고 관리한다.

4

- 동영상 플랫폼에 올릴 영상을 기획한다.
- 제품 사용 같은 나만의 콘텐츠를 영상으로 찍고, 편집하여 완성된 콘텐츠를 동영상 플랫폼에 올린다.
- 영상을 본 시청자가 올린 댓글을 확인하고 필요하면 답을 다는 등 시청자와 소통한다.

〈보기〉

축구선수   출판 편집자   1인 크리에이터   교사

나는 사다리 맨 이야! 시작해 볼까?

01

● 30년 후, 나는 무엇을 하고 있을까요?

30년 뒤, 나는 우주를 여행하는 관광 가이드

제 직업은 관광 가이드입니다. 관광객들과 함께 한국을 포함해 전 세계를 여행하죠. 이렇게 매력적인 제 직업을 여러분께 소개하고 싶습니다.

관광 가이드가 하는 일

관광 가이드는 관광객에게 관광 자원을 소개하고, 그들이 안전하고 즐겁게 여행하도록 돕는 직업입니다. 국내 관광통역 가이드는 한국의 역사와 관광 자원을 올바로 알고 있어야 하고, 외국 현지 가이드는 그 나라의 문화, 역사, 교통수단, 관광 자원에 관해 잘 알고 있어야 합니다. 하는 일은 구체적으로 다음과 같습니다.

1. 여행 일정 관리   2. 여행지 설명과 안내
3. 통역   4. 입출국 수속, 숙박 예약 등 편의 제공

관광 가이드가 된 이유와 자격 조건

저는 어릴 때부터 여행을 좋아해서 관광 쪽 일을 하고 싶었습니다. 그래서 관광 가이드가 되면 좋겠다고 생각했죠. 그 꿈을 이루기 위해 영어와 러시아어를 열심히 공부해서 각 언어로 의사소통을 할 수 있게 되었고, 여행도 자주 다녔습니다.

관광 가이드가 되려면 가장 먼저 관광통역안내사 자격증을 따야 합니다. 영어는 기본으로 할 줄 알아야 하고 다른 외국어를 하나 더 할 수 있으면 좋겠죠.

기억에 남는 경험담

러시아에서 단체 여행객을 인솔하여 시베리아 횡단 열차를 탄 적이 있었습니다. 블라디보스토크로 향하던 중 기상 악화로 앞 열차가 전복하는 것을 눈앞에서 보았습니다. 우리 열차가 그랬을 수 있었다는 생각에 정말 아찔했죠. 이렇게 위험한 상황이 발생하기도 하지만, 저는 많은 사람을 데리고 유적지나 명소를 돌면서 관광 자원을 소개하고 설명하는 이 직업이 정말 좋습니다.

앞으로의 꿈: 우주여행 가이드

앞으로 제 목표는 우주여행 가이드가 되는 것입니다. 우주여행을 계획하는 여행객들을 상담하고, 그들이 우주여행을 할 수 있는 신체조건이 되는지도 확인하죠. 우주여행 가이드는 기본적인 우주탐사 지식과 상업용 우주선 조종 능력을 갖추어야 합니다. 무중력 상태에서 생활하는 훈련도 해야 하는데, 저는 이 모든 조건을 갖추어 한국인 제1호 우주여행 가이드가 되고 싶습니다.

단어 뜻 보기

관광 자원 관광객이 방문할 만한 가치가 있는 대상이나 장소
수속 일을 하는 데 거쳐야 하는 순서나 방법
편의 생활하거나 일하는 데 조건이 편하고 좋음
인솔 사람들을 데리고 다님
횡단 동서로 가로질러 건넘
전복 자동차, 기차 등이 뒤집혀 엎어짐
유적지 역사적 사건이 일어난 장소. 옛 건물 등
무중력 중력이 없는 것처럼 인식되는 상태

주제 이해하기 ★ 1 이 글의 목적은 무엇일지 빈칸을 채우시오.

화자의 직업인 ☐☐ ☐☐☐ 를 ☐☐ 하려고

내용 파악하기 ★ 2 다음 중 글쓴이가 하는 일이 <u>아닌</u> 것은 무엇인가?

① 여행 일정 관리　　　　　② 외국어 통역
③ 관광 자원 설명과 안내　　④ 우주선 조종 훈련
⑤ 숙박 예약 등 여행 편의 제공

내용 파악하기 ★★ 3 글에 관한 설명 중 바른 것에는 ○, 바르지 <u>않은</u> 것에는 ×를 표시하시오.

(1) 글쓴이는 영어와 러시아어를 말할 수 있다. 　　　　　　　（　　　）
(2) 글쓴이는 국내뿐 아니라 외국으로도 나가 관광 가이드를 했다. 　（　　　）
(3) 러시아에서 여행객을 인솔하던 중 글쓴이가 탄 열차가 전복되었다. （　　　）
(4) 관광 가이드가 하는 일, 관광 가이드의 자격 조건이 소개되어 있다. （　　　）

적용하기 ★★★ 4 글과 같이 진로 신문을 만들 때 유의할 점과 관계가 <u>먼</u> 것은 무엇인가?

① 자격 조건과 장점을 쓴다.
② 직업을 가지게 된 이유를 쓴다.
③ 주로 하는 일을 쓴다.
④ 경험을 구체적으로 소개한다.
⑤ 직업을 통해 겪게 될 위험 위주로 쓴다.

02

● 게임을 개발하기 위해서는 어떤 분야의 직업을 가진 사람들이 협력할까요?

〈가〉 여러분은 게임 하는 것을 좋아하나요? 저는 어릴 때부터 게임을 좋아했습니다. 학교가 끝나면 바로 오락실로 달려가서 시간을 보냈습니다. 고등학생이 되어서도 게임을 좋아하는 마음은 식지 않았고, 게임을 직접 만들고 싶어서 대학교는 컴퓨터공학부에 입학했습니다. 그 당시 전 세계를 주름잡던 게임은 미국과 일본에서 나오고 있었는데, 3D(입체) 기술을 활용한 격투 게임, 자동차 운전 게임이 인기였습니다. ㉠그런 상황에서 저는 다른 나라에서 만든 것보다 더 재미있는 게임을 내 손으로 만들겠다는 꿈을 품고 졸업 후 게임 회사에 들어갔습니다.

〈나〉 회사에 들어가서는 깜짝 놀랐습니다. 게임을 만드는 데 매우 많은 분야의 사람이 서로 협력하고 있기 때문이었죠. 과거에는 한 명이 게임을 개발하기도 했지만, 현재는 소비자가 요구하는 그래픽과 음악, 스토리 수준이 높아지고 복잡해져서 게임을 한 명이 만들 수가 없습니다. 그래서 분야가 세분화되고 각 분야에 전문가가 필요하게 되었지요. 수학과 물리를 잘하는 친구는 게임 엔진 개발이나 인공지능 프로그래밍에 참여할 수 있고, 음악을 잘하는 친구는 게임 오디오 프로그래머나 작곡가, 사운드 디자이너로 일할 수 있습니다. 그림을 잘 그리면 모델러, 텍스쳐 아티스트, 애니메이터로 일할 수 있습니다. 모델러는 종이 위에 그려진 게임 캐릭터를 3D로 만들고, 텍스쳐 아티스트는 만들어진 3D 모델 위에 진짜처럼 보이게 표면을 입히는 일을 합니다. 애니메이터는 게임의 캐릭터와 사물에 움직임을 주는 일을 합니다.

〈다〉 제가 게임 개발에서 맡은 것은 인공지능 프로그래밍입니다. 인공지능은 사람이 배우는 과정과 유사한 방식으로 엄청나게 빠른 속도로 학습하는 컴퓨터 시스템으로, 바둑으로 이세돌 9단을 이긴 '알파고'를 예로 들 수 있겠네요. 예전에 나온 게임을 하다 보면 등장 캐릭터나 몹(게임에 등장하는 몬스터), 보스의 행동이 단순 반복되어 바보같다고 느껴질 때가 있잖아요? 그렇게 느껴지는 이유는 캐릭터를 움직이는 인공지능의 수준이 낮아서, 지정된 몇 가지 패턴 외에는 반응하지 못하기 때문입니다. 게임의 인공지능이 높아져서 예측을 뛰어넘는 다양한 반응이 나올수록 하는 사람은 더 재미있다고 느끼게 되지요. 전 더 높은 수준의 게임을 구현하기 위해 열심히 인공지능 프로그램을 짭니다.

〈라〉 게임 개발이 매력적으로 느껴지지 않나요? ㉡이 세계로 개성과 능력을 갖춘 사람이 많이 왔으면 좋겠습니다. 함께 최고의 게임을 만들어 보면 어떨까요?

주름잡던 사람이나 시대를 마음대로 움직이던 ⑧ 주름잡다

세분화 여러 갈래로 나누어 자세히 분류함

구현하기 실제로 작동되는 시스템이나 프로그램으로 만들기 ⑧ 구현하다

내용 파악하기 1 ★★ 다음 중 글에 언급되지 <u>않은</u> 내용은 무엇인가?

① 게임의 해로움

② 글쓴이의 게임 개발 분야

③ 글쓴이의 직업 선택 이유

④ 게임 개발과 관련 있는 분야

⑤ 인공지능의 정의

내용 파악하기 2 ★★★ 밑줄 친 ㉠그런 상황과 ㉡이 세계가 각각 무엇을 가리키는지 쓰시오.

㉠:

_____

_____

㉡:

_____

내용 파악하기 3 ★ 특성과 게임 개발에 관련된 분야를 알맞게 짝지으시오.

(1) 음악이 특기 ●   ● (가) 인공지능 프로그래밍, 게임 엔진 개발

(2) 그림이 특기 ●   ● (나) 모델러, 텍스쳐 아티스트, 애니메이터

(3) 수학, 물리가 특기 ●   ● (다) 사운드 디자이너, 오디오 프로그래머, 작곡가

4 알맞은 말을 상자에서 찾아 글의 목적에 관한 설명을 완성하시오.

직업　　　　취미　　　　참여　　　　과정

독자에게 [　][　]에서 [　][　]이 되기까지의 [　][　]과

하는 일을 소개하고, 나중에 커서 함께 그 일에 [　][　]하기를 권유하려고

5 아래 표는 글의 문단별 중심 내용을 정리한 것이다. 빈칸에 들어갈 알맞은 내용을 상자에서 찾아 기호를 쓰시오.

〈매력적인 게임 개발의 세계〉

〈가〉문단	
〈나〉문단	
〈다〉문단	
〈라〉문단	

　ⓐ 게임 개발에 관련된 여러 분야 소개
　ⓑ 글쓴이가 게임 개발을 하게 된 이유 설명
　ⓒ 게임 개발자라는 직업을 선택하도록 권유
　ⓓ 글쓴이의 업무를 구체적으로 설명

03

● 라가디아 판사의 일화를 알고 있나요?

라가디아 판사의 명판결

나는 어릴 때부터 억울하게 피해를 본 사람을 돕고 악당은 벌을 줘서 정의로운 사회를 만드는 일을 하는 사람이 되고 싶었습니다. 그래서 판사가 되어야겠다고 생각했습니다. 판사는 재판을 진행하는데, 이때 변호인과 검사가 제출한 증거를 살피고 증언을 듣고 범죄 여부를 판단하고, 어떤 법률을 적용할지 결정하여 판결을 내립니다. 나는 좋은 판사가 되기 위해서 무엇이 필요할까 생각하다가 미국의 라가디아 판사에 관한 일화를 읽게 되었습니다.

1882년, 미국 뉴욕의 이탈리아 이민자 가정에서 태어난 라가디아는 현명한 판결을 내린 판사로 유명합니다. 하루는 한 노인이 빵을 훔친 죄로 재판을 받게 되었습니다. 라가디아는 노인에게 물었습니다.

유죄를 선고합니다

땅! 땅!

"왜 빵을 훔쳤습니까?"

"저에게는 손자가 있습니다. 굶주린 손자가 빵을 사 달라고 애원했지만, 저에게는 돈이 없었습니다. 돈을 벌기 위해 일자리를 찾아보았지만, 아무도 저 같은 늙은이에게 일을 주지 않았습니다. 그래서 손자를 위해 어쩔 수 없이 빵을 훔쳤습니다."

라가디아와 법정의 방청객들은 잠시 침묵했습니다. 조금 뒤, 라가디아는 판결을 내렸습니다.

"도둑질은 죄입니다. 사정이 아무리 딱하다고 해도 법은 모든 사람에게 평등하게 적용되어야 합니다. 그러므로 판사인 저는 노인에게 벌금 10달러를 선고합니다."

그리고 라가디아는 주머니에서 10달러를 꺼내며 말했습니다.

"이 노인이 도둑질할 수밖에 없는 어려운 상황에 부닥쳤을 때 저를 비롯하여 뉴욕 시민 그 누구도 도움의 손길을 내밀지 않았습니다. 불쌍한 노인을 돕지 않고 방치한 죄로 벌금 10달러는 제가 내겠습니다. 그리고 이 법정에 있는 모든 사람에게도 같은 이유로 50센트 벌금형을 선고합니다."

라가디아 판사는 모금된 57달러 50센트 중 10달러의 벌금을 제외한 47달러 50센트를 노인에게 건넸습니다. 뉴욕 시민들은 법을 지키면서도 사람을 위하는 라가디아의 판결에 크게 감동했습니다.

나도 이 이야기를 읽으며 큰 감명을 받았습니다. 죄에 대해서는 공정하게 벌을 내려야 하지만, 그 바탕에 사람에 대한 따뜻한 시선과 배려가 있어야 한다고 생각했습니다. 나도 라가디아처럼 훌륭한 판사가 되고 싶습니다.

단어 뜻 보기

여부 그러함과 그렇지 않음
판결 소송 사건에 대해 판사가 판단해서 내리는 재판
선고 법정에서 재판 판결을 공표함
방치한 상관하지 않고 그냥 둔 웬 방치하다

 1 글쓴이가 판사가 되고 싶어 하는 이유를 쓰시오.

_____

_____

 2 판사가 어떤 일을 하는 직업인지에 관한 설명을 글에서 찾은 말로 완성하시오.

> 1. (   )을 진행
>
> 2. 증거와 증언을 살피고, (   )를 판단
>
> 3. 법률을 적용하여 (   )을 내림

 3 라가디아에 관한 설명 중 바르지 <u>않은</u> 것은 무엇인가?

① 미국에 이민 간 이탈리아 가정에서 태어난 판사였다.

② 손주를 위해 빵을 훔친 노인의 사정을 불쌍히 여겼다.

③ 법정에 선 노인에게 벌금형을 내리고 억지로 돈을 내게 했다.

④ 노인이 내야 하는 벌금에 해당하는 금액을 자기가 냈다.

⑤ 판결을 내릴 때 사람이 처한 상황과 어려움을 깊게 고려했다.

 4 글에서 강조된 좋은 판사의 자질 <u>두 가지</u>를 고르시오.

① 정직   ② 열정   ③ 배려   ④ 공정   ⑤ 성실

● 자유학년제에 관해 알고 있나요?

자유학년제는 학생들에게 꼭 필요한 제도입니다

〈가〉 저는 다락 초등학교 6학년 3반 김동인입니다. 오늘 저는 '자유학년제, 정말 필요한가?'에 관한 토론의 찬성 측 대표로 나왔습니다.

〈나〉 중학교에 올라가면 일 년 동안 자유학년제로 공부하게 되는데, 이때 학생들은 시험 부담 없이 스스로 공부하며 다양한 체험활동을 통해 자기를 이해하고 알맞은 진로를 찾아보는 기회를 얻습니다. 처음에 자유학년제가 실시된다고 했을 때 학부모 사이에서 반대가 컸다고 합니다. 자유학년제를 실시하게 되면 학생들이 공부에 소홀해지고, 또한 다양한 체험활동을 한다는 핑계로 일탈행위를 하게 될 확률이 높아진다는 것이었습니다. 어떤 학부모들은 지금도 자유학년제에 대한 여러 반대 의견을 제시하고 있다고 합니다. (㉠) 저는 제가 조사한 것을 바탕으로 그런 분들께 자유학년제의 장점을 알려 드리고 싶습니다.

〈다〉 첫째, 자유학년제에서 학생들은 자기를 이해하고 역량을 키울 기회를 얻게 됩니다. 학생들은 일 년 동안 학교 시험을 보지 않고, 교과 수업 외에 다양한 체험으로 구성된 활동을 경험합니다. (㉡), 관심과 취미가 같은 친구들과 함께하는 동아리 활동이나 예체능 활동, 교과와 연계된 주제 선택 활동, 적성과 소질을 고민하고 찾아보는 진로 탐색 활동을 하게 됩니다. 이 시간을 통해 학생들은 자신이 무엇을 좋아하는지 알게 되고, 관심 분야나 장점 및 특기도 발견하게 됩니다.

〈라〉 둘째, 사회를 살아가는 데 필요한 능력을 자기 주도적으로 배울 수 있습니다. 자유학년제 수업은 친구들과 함께하는 토의, 토론이 주를 이룹니다. 그리고 실습이나 실험과 같은 직접적인 체험활동을 하며 친구들과 힘을 합쳐 문제를 해결하게 됩니다. 협동 학습, 프로젝트 학습을 하면서 학생들은 스스로 문제를 해결하고자 하는 의지를 갖고 노력하게 되는 것이죠. 이런 형식의 수업을 통해 학생들은 스스로 하는 힘과 배움의 기쁨을 깨닫게 될 것입니다.

〈마〉 셋째, 자유학년제에서는 학생 개인에 대한 더욱 다각적 평가가 이루어질 수 있습니다. 이 시기에는 중간고사나 기말고사와 같은 시험이 없습니다. 하지만 평가가 전혀 없는 것은 아닙니다. 학생이 문제를 해결하는 과정에 대한 교사의 관찰, 학습 되돌아보기, 친구들 간의 상호 평가 등 다양한 방식으로 평가가 이루어집니다. 그리고 생활통지표 및 학교생활기록부에는 학생들의 활동 내용, 태도, 흥미도를 기록한다고 합니다. 본격적으로 대학 입시를 준비하지 않아도 되는 중학생 때 이러한 다각적 평가를 함으로써 학생들은 자기를 더 잘 이해할 수 있게 된다고 생각합니다.

〈바〉 자유학년제에서 학생들은 자기를 이해하고 미래를 대비하는 데 필요한 능력을 갖추기 위한 소중한 기회와 시간을 얻을 수 있습니다. 이러한 자유학년제에 대해 열린 마음을 가져 주시기 바랍니다.

단어 뜻 보기
일탈행위 사회적인 규범에서 벗어나는 일
역량 어떤 일을 해낼 힘이나 기량
연계된 어떤 일에 관련해 관계를 맺은 웹 연계되다
자기 주도 자기 일을 자신의 힘으로 이끌어 나감
토의 어떤 주제나 문제에 관해 여러 명이 검토하고 의논하는 것
다각적 여러 부분 또는 방면에 걸친
상호 서로 관계된 사이끼리

---

1 이런 종류의 글을 무엇이라고 하는가?

① 일기   ② 논설문   ③ 감상문
④ 설명문   ⑤ 기사

2 이 글은 어떻게 전개되고 있는가?

① 자유학년제의 뜻을 정의하고, 그 한계를 언급하고 있다.
② 학교별로 시행하고 있는 진로 탐색 활동을 비교하고 있다.
③ 전국에 자유학년제가 실행된 과정을 순서대로 말하고 있다.
④ 자유학년제에서 이루어지는 평가 방식을 예를 들어 설명하고 있다.
⑤ 글쓴이의 주장에 대한 근거로 자유학년제의 장점을 나열하고 있다.

3 빈칸 ㉠과 ㉡에 들어갈 말로 알맞게 짝지어진 것을 고르시오.

ㄱ — ㄴ   ㄱ — ㄴ
① 혹시 — 그리고   ② 그래서 — 그렇지만
③ 하지만 — 왜냐하면   ④ 그러나 — 예를 들어
⑤ 게다가 — 비록

4 아래 ㉠~㉫은 자유학년제의 찬반 의견에 대한 근거이다. 어디에 속하는지 알맞게 분류하시오.

> ㉠ 자유학년 동안 시험이 없어 공부에 소홀해진다.
> ㉡ 다양한 수업 방법과 평가로 문제 해결력을 키운다.
> ㉢ 다양한 체험과 활동으로 미래 사회의 역량을 키운다.
> ㉣ 다양한 체험을 한다고 하면서 일탈행위를 하게 될 수 있다.
> ㉤ 학생은 자기의 관심 분야 활동을 선택하고 진로를 고민하게 된다.
> ㉥ 학생 개인의 역량과 개성을 파악하기 위한 다채로운 평가가 이루어진다.

찬성	반대

 5 자유학년제에서 행해지는 '체험활동'과 '수업 방식', '평가 방식'을 정리한 아래 표의 빈칸을 알맞은 말로 채우시오.

체험활동	수업 방식	평가 방식
• 동아리 활동 • 예체능 활동 • 교과와 연계된 　(1)(　　　　) 선택 　활동 • 적성과 소질을 찾는 　(2)(　　　　) 활동	• 토의, 토론 • 실습, 실험 • (3)(　　　　) 학습 • (4)(　　　　) 학습	• 학생의 (5)(　　　　) 　과정에 대한 교사의 　(6)(　　　　) • 학습 되돌아보기 • 친구들 간의 　(7)(　　　　) 등

83

아래에는 자유학년제를 반대하는 근거가 나열되어 있다. 잘 보고, 주어진 문제를 푸시오.

① 한 해 동안 시험을 치지 않으면 자유학년제가 끝난 중학교 2학년 때 수업 부담과 학업 스트레스가 늘어난다.

② 자유학년제의 의미에 맞는 커리큘럼이 부족하다. 즉, 각 학교의 커리큘럼과 프로그램이 부족해 제대로 된 운영을 기대하기 어렵다.

③ 자유학년제가 시작되면 학생들은 학교 수업과 시험의 부담감에서 벗어나 진정으로 좋아하고 잘할 수 있는 것을 적극적으로 찾아보고, 여유롭게 자신을 돌아보고 생각할 시간도 갖는다.

④ 학생들의 자유학년제에 대한 잘못된 인식도 문제다. 학생 스스로가 자유학년제를 휴식 기간으로 가볍게 여기기 때문에, 원래의 취지가 퇴색되고 적극적인 참여가 이루어지지 않는다.

⑤ 중학교 1학년이라는 시간은 학생들이 진지하게 진로를 생각하기에는 아직 무척 어린 나이다. 제대로 된 진로 탐색을 위해 깊이 생각하고 다양한 경험을 쌓기 위해 노력할 것이라고 기대하기 어렵다.

(1) ①~⑤ 중 자유학년제를 반대하는 근거로 적절하지 않은 것은 무엇인가?

_____

(2) (1)번 문제의 답을 제외하고 나머지 내용을 정리해서 글에 넣는다면 〈가〉~〈바〉문단 중 어디에 들어가는 것이 알맞은가?

_____

7 아래 표의 ㉮, ㉯, ㉰에 알맞은 내용을 넣어 글을 요약하시오.

서론	㉮ **주장**: 자유학년제를 반대하는 사람들이 있지만, 자유학년제에는 여러 장점이 있습니다.
본론	**주장에 대한 근거** 1. ㉯ 2. ㉰ 3. ㉱
결론	**주장/강조**: 학생들이 미래를 대비할 능력을 갖추는 시간인 자유학년제에 관해 더욱 열린 마음을 가져 주길 바랍니다.

(1) ㉮의 빈칸을 글에서 찾은 알맞은 말로 채워 서론의 내용을 간추리시오.

> 자유학년제는 학생들이 (   ) 부담 없이 스스로 공부하며 다양한
> (   )을 통해 (   )를 이해하고, 이를 바탕으로 자신의
> (   )를 찾아보면서 사회를 살아가는 데 필요한 능력을 갖추는 기
> 회를 얻는 시간이다.

(2) ㉯에 들어갈 중심 문장을 글에서 찾아 쓰시오.

_____

_____

(3) ㉰에 들어갈 중심 문장을 글에서 찾아 쓰시오.

_____

_____

(4) ㉱에 들어갈 중심 문장을 글에서 찾아 쓰시오.

_____

_____

2과 사회와 생활

우리가 살아가는 사회에서는 어떠한 문제가 일어나고 있을까요? 문제에 대한 해결책을 찾기 위해 우리는 여러 의견을 서로 나눕니다. 서로의 생각과 의견이 다름을 인정할 때 우리 사회는 더 풍요로워지고 건강해질 수 있습니다.

목표 다음 독해 기술을 이용해 봅시다.

- ✓ **낱말 이해하기**
- ✓ **내용 파악하기**
- ✓ **주제 이해하기**
- ✓ **문단 이해하기**
- ○ 글의 갈래 알기
- ○ 글의 구성 알기
- ✓ **요약하기**
- ✓ **추론하기**
- ✓ **적용 및 문제 해결하기**
- ○ 감상하기

교과서 연계
- [5학년 1학기] 국어 5단원 '글쓴이의 주장'
- [5학년 1학기] 사회 2단원 '인권 존중과 정의로운 사회'
- [5학년 2학기] 국어 6단원 '타당성을 생각하며 토론해요'
- [6학년 1학기] 국어 4단원 '주장과 근거를 판단해요'
- [6학년 2학기] 사회 2단원 '통일 한국의 미래와 지구촌의 평화'

우리 사회에서는 여러 문제가 발생하고 있습니다. 아래 주어진 문제에 대한 좋은 해결책은 무엇일지 알맞은 것을 골라 봅시다.

1 친구 간의 왕따 문제

(ㄱ) 왕따는 하는 사람도 나쁘지만 당하는 쪽에도 문제가 있으므로, 왕따당하는 사람부터 자기 잘못이 무엇인지 생각해 보고 고쳐야 한다.

(ㄴ) 왕따당하는 학생은 자책하지 말고 빨리 부모와 학교에 알려서 도움을 받는다. 학교에서도 가해자는 자신의 행위에 책임져야 한다는 것을 엄하게 가르친다.

2 외래종에 의한 생태계 파괴 문제

(ㄱ) 외래종 도입으로 생태계가 다양해지므로 도입을 적극적으로 장려한다.

(ㄴ) 외래종 동식물의 확산 현황과 생태계 파괴 실태를 정확하게 조사하고, 개체 수 조절을 위한 대책을 세운다.

3 아동 학대 문제

(ㄱ) 아동 학대 신고를 받으면 경찰이 부모에게서 아이를 데리고 올 수 있게 법을 바꾼다.

(ㄴ) 엄하게 체벌한다고 해서 무조건 아동 학대라고 볼 수 없다. 교육 차원에서 이뤄지는 체벌일 수도 있으므로 간섭하면 안 된다.

4 플라스틱에 의한 환경 오염 문제

(ㄱ) 일회용 플라스틱 사용을 자제하고, 가진 제품은 오래 사용하기 위해 노력한다.

(ㄴ) 플라스틱을 처리할 마땅한 방법이 없으므로, 버려진 플라스틱을 수거한 후에 땅값이 싼 지역에 묻어 버린다.

새로운 과를 시작하자!

 01

● 초등학생이 화장하는 것, 어떻게 생각하나요?

Q&A 🏠 💬 ✉

[Q&A] [답변하기]   [목록]

Q 초등학생의 화장 찬성 vs 반대

안녕하세요! 저는 초등학교 5학년 어린이입니다. 내일모레, 반에서 어린이의 화장에 관한 토론을 하기로 했어요. 저는 찬성 쪽이지만, 여러 의견을 듣고 싶습니다.

A 작성자: angel

저는 찬성이에요. 어른들도 화장하면서 우리는 왜 하면 안 돼요? 화장을 해서 예뻐지는 얼굴을 보는 게 얼마나 신나는 일인데요. 학원 다닐 때 겪는 공부 스트레스를 풀 수도 있고요. 또 입술을 바르거나 볼에 살짝 화장하는 친구들도 많아서, 친구를 사귀려면 나도 같이 화장을 하는 게 좋은 것 같아요.

A 작성자: 사과

화장하지 마세요. 색조 화장품에는 색을 내기 위해 중금속 성분이 들어간다고 합니다. 그런데 그 성분이 피부를 매우 손상한대요. 그리고 어린 친구들은 화장을 지우는 클렌징도 대충하고, 용돈 모아서 화장품을 사다 보니 싸고 질 낮은 제품을 많이 사용하게 되잖아요. 어린이들은 화장하지 않아도 아주 예쁜데 왜 화장을 하려고 하는지 이해가 가질 않네요.

A 작성자: taeyeon

어른이 되면 자연스럽게 하게 되는 건데 어릴 때부터 화장할 필요는 없는 것 같아요. 게다가 아무리 좋은 화장품을 써도 색조 화장은 피부에 자극이 됩니다. 단, 피부에 반드시 숨겨야 하는 단점이 있는 사람들은 해야겠죠. 비비 크림도 원래는 화상 환자들의 화상 자국을 감추기 위해 만들어졌잖아요? 꼭 필요한 사람 빼고는 미성년자가 화장하는 것은 반대입니다.

A 작성자: 메이크업 좋아

메이크업 아티스트가 꿈인 6학년 여학생입니다. 저는 밤마다 유명 뷰티 크리에이터들의 화장법을 동영상으로 보며 연습해요. 이렇게 미래의 꿈에 다가가고 있습니다. 답변을 읽다 보니 단점만 얘기하는 분도 있는데, 자기 피부에 맞는 성분이 좋은 화장품을 사용하면 피부 트러블이 거의 일어나지 않아요. 또 클렌징을 꼼꼼하게 하면 더더욱 문제가 없고요. 어린이들이 화장한다고 해서 너무 걱정하지 마세요.

중금속 금, 은, 구리, 수은 등 비중이 4~5인 금속
손상 나빠지게 망치는 것
미성년자 법률상의 여러 권리를 행사할 수 없는 만 20세 미만의 사람

**★
주제
이해하기 1 무엇에 관한 글인가?**

① 초등학생의 화장　　　　　　② 화장품의 성분

③ 화장의 장점　　　　　　　　④ 유명 뷰티 크리에이터

⑤ 올바른 클렌징 방법

**★
내용
파악하기 2 화장품의 '무엇'이 피부 손상을 일으키는지 글에서 찾아 쓰시오.**

_____

**★★
내용
파악하기 3 다음 ㉠~㉤을 초등학생의 화장에 대한 찬성 근거와 반대 근거로 분류하여 각 표에 알맞은 기호를 쓰시오.**

㉠ 화장하는 친구가 많기 때문에 화장을 하는 게 친구 사귀는 데 도움이 된다.

㉡ 용돈으로 사기 때문에 질이 낮은 화장품을 많이 쓰게 된다.

㉢ 예쁘게 보이면 기분 좋고, 공부 스트레스도 풀린다.

㉣ 좋은 화장품을 써도 화장을 자주 하면 피부가 나빠진다.

㉤ 클렌징을 꼼꼼하게 하면 피부에 큰 문제가 일어나지 않는다.

찬성	반대

02

● 우리 동네 뒷산에 풍력 발전기가 생긴다면 어떨까요?

20○○년 ○월 ○일. 맑음

지난주에 우리 반은 현대 사회에서 생활할 때 필요한 전기를 생산해 내는 여러 방식에 관해 배웠다. 그리고 오늘 수업에서는 학교 뒷산에 풍력 발전기를 설치하면 어떨까에 대한 찬반 토론을 벌였다.

반장 승빈이가 조사해 온 자료를 보며 말했다.

"저는 풍력 발전기 설치에 찬성합니다. 석탄 발전은 미세먼지가 많이 발생하고, 가스 발전은 가스를 수입해서 사용해야 하므로 비용이 많이 듭니다. 원자력 발전은 일본 후쿠시마 원전 사태처럼 엄청난 방사능 유출 위험성이 있을뿐더러 사용 후 핵폐기물 처리가 매우 어렵고요. 따라서 풍력 발전과 같은 친환경 발전기를 설치해야 한다고 생각합니다. 현재 우리나라에 설치된 대관령과 제주도의 풍력 발전기는 많은 전기를 생산하고 있을 뿐만 아니라 관광 자원으로도 활용되고 있기에 일석이조의 효과를 거둘 수 있을 겁니다."

그러나 동현이는 잘 알려지지 않은 저주파 소음을 이야기하며 반대했다.

"풍력 발전이 온실가스인 이산화탄소가 나오지 않는 친환경 발전 방식이라는 사실은 인정합니다. 그러나 저는 친환경적이라는 이유로 우리 학교 뒷산에 풍력 발전기를 설치하는 것에는 반대합니다. 풍력 발전기는 저주파 소음을 발생시킵니다. 2000년대 초반 풍력 발전기를 설치했던 영국의 베어스타운 풍력 발전소 인근에서 주민 열네 사람 중 한 명을 제외한 열세 명에게서 저주파 소음 때문에 두통 발생 횟수가 증가했다고 합니다. 그리고 그중 열 사람은 불면증으로 큰 고통을 호소했습니다. 최근 우리나라에서도 저주파 소음에 의한 문제가 다수 보고되고 있습니다. 그래서 저는 풍력 발전기 설치를 반대합니다."

나는 처음에는 친환경적이라는 이유만으로 풍력 발전기 설치에 찬성했는데, 동현이 말을 듣고 나서 '풍력 발전기 설치가 꼭 좋은 것만은 아니겠구나' 하는 생각이 들었다. 그리고 더 많은 자료를 찾아서 읽어 보고 나만의 의견을 정리해 보아겠다고 생각했다.

단어 뜻 보기

풍력 발전기 바람 에너지를 전기 에너지로 바꾸는 시설
사태 일의 되어 가는 형편
핵폐기물 원자력을 생성한 다음 버리는 찌꺼기로, 방사능이 남아 있음
일석이조 '돌 하나를 던져 두 마리 새를 떨어뜨린다'라는 뜻으로, 한 가지 일로 두 가지 이익을 얻음을 나타내는 사자성어
저주파 소음 인간의 귀로 들을 수 없는 20Hz(헤르츠) 이하의 저주파에 의한 소음

1 토론 수업의 주제가 무엇인지 쓰시오.

☐ ☐ ☐ ☐ ☐ 설치에 대한 찬반

 2 토론에서 찬성 측의 근거로 알맞지 <u>않은</u> 것은 무엇인가?

① 석탄 발전은 미세먼지를 발생시킨다.
② 가스 발전은 가스 수입 비용이 크다.
③ 저주파 소음은 불면증의 원인이 된다.
④ 원자력 발전은 핵폐기물 처리가 어렵다.
⑤ 풍력 발전은 관광 자원으로도 이용된다.

3 토론에서 반대 측이 가장 <u>크게</u> 문제 삼는 것은 무엇인가?

① 환경 오염　　　　　　② 저주파 소음 발생
③ 관광객이 버린 쓰레기　④ 발전 후 폐기물 처리
⑤ 사고 위험성

 4 찬성 측과 반대 측의 의견을 정리하여 토론을 요약하시오.

학교 뒷산에 (　　　) 발전기 설치

찬성	반대
• (　　　) 배출과 (　　　) 유출 위험성이 없는 (　　　) 발전 방식 • (　　　)으로 활용 가능	• (　　　　　　) 발생 → 두통 발생 횟수 (　　　), 불면증

03

● 문화재 보존을 위해 불편과 희생을 감수해야 할까요?

승아가 사는 울산시 울주군에는 한국에서 가장 오래된 선사 시대의 반구대 암각화가 있습니다. 선사 시대 사람들이 호랑이와 사슴, 멧돼지, 고래, 사냥꾼, 고래 잡는 어부 등을 바위에 새겨 놓은 것으로, 마을의 자랑거리입니다. 그런데 몇 해 전부터 비가 오지 않는 날이 많아져 식수가 부족해지자 사람들은 반구대 암각화가 있는 사연댐의 수위를 더 높여야 한다고 주장하기 시작했습니다.

"저는 울산시의회 의장입니다. 문화재청에서는 반구대 암각화 보존을 위해 사연댐의 수위를 낮추도록 정했지요. 그런데 현재 울산시는 물 부족 문제를 겪고 있잖습니까? 사연댐의 수위를 올리면 저수량의 3분의 2 이상을 식수로 쓸 수 있습니다. 현재처럼 유지하면 저수량의 3분의 1만 식수로 쓸 수 있고요. 반구대 암각화는 당연히 보존해야 할 문화유산이지만, 부족한 식수를 낙동강에서 끌어오는 비용을 중앙정부의 지원 없이 언제까지 울산시의 세금으로 내야 합니까? 반구대 암각화의 훼손을 감수하더라도 당장 댐의 수위를 올려야 합니다."

봄이 오면 물 걱정을 하시는 부모님을 본 승아로서는 식수 문제 해결을 위해 암각화 훼손을 감수해야 한다는 주장에 공감하지 않을 수 없었습니다. 그런데 이튿날이 되자 이번에는 반구대 암각화를 보존해야 한다고 주장하는 사람들이 나타났습니다.

"반구대 암각화는 우리나라 국보 제285호입니다. 이 문화재를 보호하기 위해서는 현재 사연댐의 수위를 더 낮춰야 합니다. 반구대 암각화는 선사 시대의 모습이 그려진 세계적인 문화유산입니다. 신석기 말에서 청동기 시대의 생활상을 보여 주는 암각화를 보존하기 위해서라면 지역 주민이 어느 정도의 불편은 감수해야 한다고 생각합니다. 댐의 규모를 늘리거나 중앙정부에 더 많은 지원을 요청하는 대안이 있음에도 불구하고 무작정 댐의 수위를 올리면 암각화는 크게 훼손될 것이고, 훼손된 문화재를 복원하는 것은 거의 불가능합니다. 잠시의 불편을 못 참아 후손에게 물려주어야 하는 우리의 자랑스러운 유산을 훼손해야 할까요?"

승아는 몹시 혼란스러웠습니다. 보존과 개발이라는 양측의 주장이 모두 합당하다고 생각했기 때문입니다. 그래서 아버지께 여쭈어보았습니다.

"아빠, 제 생각에는 반구대 암각화를 '보존해야 한다'와 '개발해야 한다'는 양쪽의 주장이 모두 맞는 것 같은데, 어느 쪽이 맞는 건가요?"

"승아야! 그 문제는 가치의 문제이기 때문에 판단하기 어려운 거란다. 어느 쪽에 가치를 두느냐에 따라 답이 달라지는 문제니까 승아가 헷갈리는 게 당연해. 너에게 식수 해결이 더 중요한지, 아니면 문화재 보존이 더 중요한지, 그걸 먼저 생각해 보렴."

"그러게요. 양쪽 다 맞는 말이라 혼란스러웠는데, 아빠 말씀을 듣고 보니 이해가 되네요. 음, 그런데 지금 제 생각에는 보존이 더 중요한 것 같아요."

1과
2과
3과
4과
5과

단어 뜻 보기   선사 시대 인류의 생활, 역사에 관한 문자 기록이 없는 시대
암각화 바위나 동굴 벽에 여러 동물이나 상징을 그리거나 새겨 놓은 그림
수위 저수지, 강, 호수 등의 수면 높이
보존 잘 간수함
저수량 저수지나 댐 등에 물을 모아 두는 양
훼손 못 쓰게 만드는 것
감수하더라도 마땅히 받아들이더라도 원 감수하다
대안 기존의 것을 대신하거나 바꿀 만한 안
복원 사물을 원래 상태로 되돌리는 일
가치 사물이 지니는 쓸모나 중요성, 인간이 대상에 대해 여기는 중요성

★★
주제
이해하기 **1** 이 글의 주제가 무엇인지 쓰시오.

반구대 암각화의 ☐☐ 과 ☐☐

★★★
내용
파악하기
/요약하기 **2** 반구대 암각화에 관한 아래의 표를 정리하시오.

★ 한국의 국보 제(   )호: 반구대 암각화★

ⓒ문화재청 국가문화유산포털

- **소재지**: 울산시 울주군
- **암각화의 뜻**: (   ) 사람들이 바위에 그린 호랑이, 사슴, 멧돼지, 고래 잡는 어부 등의 그림
- **특징**: (   ) 말~(   ) 시대의 생활상을 보여 줌
- **둘러싼 갈등**: 다년간의 (   ) 부족 때문에 반구대 암각화가 있는 (   )의 (   )를 높여야 한다/아니다.
- **갈등에 대한 승아의 판단**: 암각화의 (   )이 더 중요하다.

내용 파악하기 3 다음 ㉠~㉣을 사연댐의 수위를 높이는 것에 대해 찬성하는 근거와 반대하는 근거로 분류하여 표에 각각의 기호를 쓰시오.

㉠ 부족한 식수를 낙동강에서 끌어오기 위한 세금 지출이 심각하다.

㉡ 선사 시대의 모습이 그려진 귀중한 자료로, 세계적인 문화유산이다.

㉢ 수위를 올리면 저수량의 3분의 2 이상을 식수로 쓸 수 있다.

㉣ 보존에 대한 대안이 있으므로 문화재를 함부로 훼손해서는 안 된다.

찬성하는 근거	반대하는 근거

적용하기 4 다음 중 글에 나온 것과 같은 '가치의 문제'는 무엇인가?

① 선의의 거짓말은 해도 될까?

② 교실 청소는 언제 하는 것이 좋을까?

③ 급식 순서는 어떻게 정하는 것이 좋을까?

④ 학급에서 1인 1역은 어떻게 정하면 좋을까?

⑤ 학교 도서관을 많이 이용하게 하려면 어떻게 해야 할까?

04

● 친환경 소재를 활용한 패션에 관해 들어 보았나요?

패스트 패션이란 빠르게 바뀌는 유행에 따라 빠르게 만들어 내는 패션을 말합니다. 마치 주문한 후 바로 먹을 수 있는 패스트푸드처럼 말이죠. 비교적 저렴한 가격에 유행에 뒤처지지 않는 옷을 빠르게 제작하여 판매하기 때문에 패스트 패션은 우리 생활에 자연스럽게 자리 잡아서 국내 패스트 패션 시장의 규모는 지속해서 성장하고 있습니다. 소비자는 최신 유행의 옷을 싼 가격에 손쉽게 구할 수 있고, 기업은 빨리 많이 팔아서 큰 이익을 낼 수 있다는 장점이 있지만, 우리가 치러야 할 대가도 큽니다. 바로 환경 문제입니다.

티셔츠 한 장, 청바지 한 벌을 제작할 때 발생하는 환경 문제를 생각해 볼까요? 티셔츠 한 벌을 만들 때 약 3kg의 이산화탄소가 발생합니다. 그리고 이것을 정화하려면 소나무 세 그루가 필요하죠. 청바지 한 벌은 어떨까요? 청바지 한 벌을 제작하는 데에는 물 1,500L(리터)가 필요한데, 이는 우리가 빨래를 9번, 샤워를 12번, 설거지를 60번이나 할 수 있는 엄청난 양입니다. 새로운 옷을 빠르게 소비하는 사이, 우리도 모르게 자원을 낭비하면서 환경 오염을 일으키고 있는 것이죠.

이러한 문제의식을 바탕으로 패스트 패션과 반대되는 슬로 패션이 나타나기 시작했습니다. 슬로 패션은 친환경 소재와 염색 방법을 써서 환경에 미치는 영향을 최소한으로 하는 패션을 말합니다. 쓰고 ㉠버려진 천을 재활용해 새로운 패션 상품으로 만들어 내는 것도 포함합니다. 예를 들어, 유행을 타지 않고 오랜 기간 입을 수 있는 옷, 버려진 청바지와 현수막으로 만든 가방, ㉡다 쓴 소파 가죽을 이용해 만든 지갑 등이 슬로 패션에 해당하죠.

옆에 있는 가방을 보세요. ㉢이 가방은 스위스 취리히 출신의 디자이너 다니엘 프라이탁과 마커스 프라이탁 형제가 만든 것입니다. 비가 자주 내리는 스위스 취리히에는 비가 와도 젖지 않으면서 튼튼한 가방이 필요한데, 프라이탁 형제가 만든 이 가방은 개성 넘치는 디자인과 튼튼한 소재 덕에 많은 인기를 끌었습니다. 비가 와도 젖지 않는 튼튼한 천을 프라이탁 형제는 어디서 구했을까요? 바로 ㉣버려지는 트럭 덮개에서 얻었습니다. 프라이탁 형제는 우연히 고속도로에서 달리는 트럭들을 바라보며 트럭을 덮는 방수 천으로 가방을 만들어 보자는 아이디어를 떠올렸다고 합니다. 트럭 안에 있는 물건을 비나 눈으로부터 보호하기 위해 트럭 덮개는 보통 튼튼한 방수 천을 사용하는데, 이것이 가방 소재로 적합하다고 생각한 것이죠. 그들은 더러운 기름으로 뒤덮여 악취가 나는 천을 깨끗하게 씻은 다음, 다양한 색깔의 천을 서로 다른 모양으로 잘라 붙여 멋진 디자인의 가방을 만들었습니다. 그것을 본 누구도 그 가방이 버려진 트럭 덮개로 만든 것이라고 상상하지 못했습니다.

환경 보호의 중요성이 강조되는 요즘, ⑩사탕 포장지나 캔 뚜껑 등 다양한 재료를 이용해 가방 및 패션 소품을 만드는 디자이너들이 많이 나타나면서 슬로 패션은 점차 확산하고 있습니다. 패스트 패션과 슬로 패션, 여러분이 추구하는 패션은 어느 쪽인가요?

단어 뜻 보기

대가 들인 노력이나 희생에 대해 받는 값
정화하려면 더러운 것을 깨끗하게 하려면 ⑫ 정화하다
방수 스며들거나 새거나 넘쳐흐르는 물을 막음
적합 조건이나 요구 사항에 꼭 들어맞음

1 '패스트 패션'과 '슬로 패션'의 뜻을 글에서 찾아 쓰시오.

• 패스트 패션:

_____

_____

• 슬로 패션:

_____

_____

2 '패스트푸드'와 '패스트 패션'의 공통점을 모두 고르시오.

① 자원 절약 　　　　　　　② 저렴한 가격
③ 환경 오염의 최소화 　　　④ 빠른 제작 과정
⑤ 높은 질병 발생률

3 밑줄 친 ㉠~㉤ 중 성격이 다른 것은 무엇인가?

① ㉠　　　　② ㉡　　　　③ ㉢　　　　④ ㉣　　　　⑤ ㉤

추론 하기 **4** 다음 중 '패스트 패션—슬로 패션'의 관계와 같은 것은 무엇인가?

① 계절 – 겨울 ② 희망 – 절망 ③ 축구 – 운동

④ 여성 – 여자 ⑤ 소원 – 소망

내용 파악하기 **5** 패스트 패션과 슬로 패션에 관한 설명 중 바른 것에는 ○, 바르지 않은 것에는 ×를 표시 하시오.

(1) 패스트 패션은 디자인을 신경 쓰지 않아서 시장이 축소되고 있다. ( )

(2) 슬로 패션 제품의 소재는 반드시 버려진 트럭 덮개여야 한다. ( )

(3) 제품 가격이 너무 비싸서 슬로 패션이 확산하지 못하고 있다. ( )

(4) 패스트 패션은 환경 문제를 일으키지만, 자원 낭비가 덜하다. ( )

(5) 패스트 패션의 청바지를 한 벌을 만드는 데 1,500L의 물이 필요하다. ( )

요약 하기 **6** 아래 표를 알맞은 말로 채워 글을 요약하시오.

패스트 패션	• 정의: 유행에 따라 ( ) 만들어 내는 패션 • 장점: [소비자 측] 유행에 맞는 옷을 ( ) 가격에 살 수 있음 [판매자 측] ( ) 많이 팔아 큰 ( )을 냄 • 단점: 자원 ( )와 환경 ( )
( ) 패션	• 정의: 환경에 미치는 영향을 최소화하는 패션 • 방법: ( ) 소재와 ( ) 방법 사용 • 소재의 예: 버려진 현수막, 옷, 캔 뚜껑, 사탕 포장지 등

05

● 전 세계의 많은 아동이 열악한 환경에서 일하고 있다는 사실을 아나요?

"앤, 어서 일어나렴, 이러다 공장에 늦겠구나."

어제 아침처럼 오늘도 엄마는 해가 뜨기 무섭게 앤을 깨웠습니다. 몇 달 전 공장에서 일하다 허리를 다쳐 일을 나가지 못하는 아빠를 대신해 열 살 앤이 돈을 벌어야 하기 때문입니다.

"엄마, 너무 졸려요. 오늘은 그냥 집에서 쉬면 안 돼요?"

"안 돼! 배고프지 않게 감자나 먹고 가렴. 그리고 물은 조금만 마셔라. 화장실에 갈 ⊙틈도 없이 바쁜데 자리를 비우면 안 되잖아."

콜록콜록

삶은 감자를 조금 먹고서 앤은 걸어서 시끄러운 방직 공장으로 갔습니다. 근처에 가자 벌써 시끄럽게 돌아가는 방직기 소리가 들려왔습니다. 그곳은 햇빛도 제대로 들지 않았습니다. 앤이 하는 일은 방직기의 실이 떨어지면 바로 새 실타래로 교체해 주는 것이었습니다.

"에취!"

공장에 들어가자마자 흩날리는 실 부스러기와 먼지 때문에 재채기가 났습니다. 이런 곳에서 아침 7시부터 저녁 7시까지 일해야 하니 너무나 우울했습니다.

'학교에서 공부하고 친구들과 놀고 싶은데, 왜 나는 매일 이렇게 공장에 와서 힘들게 일해야 할까? 참, 어제 제이미가 기침하다 쓰러졌는데, 좀 나아졌을까?

앤의 생각을 알아채기라도 한 듯 작업반장이 앤을 보며 말했습니다.

"제이미는 결핵 때문에 앞으로 공장에서 일할 수가 없게 되었다. 오늘부터는 앤이 제이미 몫의 일까지 해야 한다."

작업반장의 말에 힘이 빠졌지만, 앤은 별수없이 고개만 끄덕였습니다. 공장에서 함께 일했던 친구 중 벌써 다섯 명이나 결핵에 걸렸습니다. 지난달에 시청 공무원이 공장에 와 직원들이 하루에 30분이라도 햇빛을 보고 신선한 공기를 마셔야 결핵을 예방할 수 있다고 했지만, 아직 그 말은 지켜지지 않았습니다.

'나도 결핵에 걸리면 어쩌지? 내가 일을 못 하면 우리 식구들은 그날부터 굶게 될 텐데. 하지만 나도 밖에 나가서 좀 놀고 싶어.'

앤은 눈물을 참으며 자꾸 슬퍼지는 마음을 애써 추슬렀습니다.

이 이야기는 18세기 영국 산업혁명 당시 런던의 방직공장에서 있었던 아동 노동의 현실을 그린 것입니다. 국제노동기구에 따르면 현재 전 세계에서 노동으로 고통받는 아이의 수는 무려 1억 6천만 명이라고 합니다. 게다가 이 숫자는 줄어들기는커녕 매년 늘고 있습니다. 이 중 8,500만 명의 아동은 열악한 환경에서 일하면서 매를 맞거나, 충분한 음식과 적절한 교육 없이 하루 10시간 이상 중노동에 시달리고 있습니다. 국제 노동기구와 유니세프에서는 이런 상황을 개선하고자 18세 미만 아동에 대해 가혹한 형태의 노동을 금지하게 했지만, 여전히 지켜지지 않고 있습니다. ⓒ1,000개가 넘는 벽돌을 종일 나르거나, 온종일 딱딱한 새우 껍질을 벗기는 노동에 시달리거나, 무거운 망치를 들고 매일 돌을 잘게 부수는 일을 해야 한다면 얼마나 고통스러울까요?

6월 12일은 '세계 아동 노동 반대의 날'입니다. 이날만이라도 사람들이 아동 노동에 관심을 가져 주기를 바라는 간절한 마음을 담아 지정한 것입니다. 아동에게는 생존의 권리, 폭력으로부터 보호받을 권리, 교육받을 권리, 놀 권리, 자기를 표현할 권리, 착취로부터 보호받을 권리가 있습니다. 이제부터라도 아동 노동에 더 관심을 가져 가혹한 노동으로 고통받는 어린이가 없는 세상을 만들어나가면 좋겠습니다.

단어 뜻 보기

방직 기계를 사용하여 옷감을 짜는 일
실타래 실을 빙빙 돌려 감아서 말아 놓은 것
결핵 환자의 재채기나 기침을 통해 결핵균에 감염되어 걸리는 질병으로, 폐나 뇌, 관절 등에 영향을 줌
별수없이 다른 방법이 없이 원 별수없다
추슬렀습니다 벌어진 일이나 생각을 수습하고 처리했습니다 원 추스르다
커녕 어떤 사실을 부정하는 뜻을 강조하면서 그보다 덜한 것까지 부정하는 뜻을 나타내는 말
개선 잘못된 것을 고쳐서 나아지게 함
가혹한 냉정하고 모진 원 가혹하다
착취 제대로 된 보상을 하지 않고 일한 사람의 노동력이나 시간을 뺏어가는 행위

★★
주제 이해하기 **1** 이 글에서 주로 다루는 내용이 무엇인지 쓰시오.

☐☐☐☐ 의 현실

★★★
주제 이해하기 **2** 이 글을 쓴 목적을 나타내는 문장을 글에서 찾아 쓰시오.

_____

_____

3 밑줄 친 ㉠틈의 뜻과 같은 의미로 사용한 문장을 고르시오.

① 친구 간에 틈이 생기지 않도록 늘 배려하자.

② 비가 많이 와서 창문 틈으로 빗방울이 들어왔다.

③ 나는 구경꾼들 틈에 끼어 그 싸움을 지켜보았다.

④ 영희는 잠시 틈이 나면 화분을 돌보곤 했다.

⑤ 의견을 나누던 중 목소리가 높아지며 모둠원들 사이에 틈이 생겼다.

 4 아동 노동에 관한 설명으로 바른 것을 고르시오.

① 노동으로 고통받는 아동의 수는 해마다 줄고 있다.

② 아동 노동 상황을 개선하려는 국제적인 노력이 없다.

③ 아동에게 충분한 음식과 교육을 제공하면서 일을 시킨다.

④ 산업 혁명 때와 같은 가혹한 아동 노동은 21세기로 들어와 사라졌다.

⑤ 1억 6천만 명이 넘는 아동 중 많은 수가 하루에 10시간 이상 일하고 있다.

 5 다음 중 앤의 심정으로 생각하기 어려운 것은 무엇인가?

① 매일 12시간 이상의 노동으로 짜증이 났을 것이다.

② 자신도 결핵에 걸릴까 봐 걱정되었을 것이다.

③ 일은 그만하고 친구들과 함께 놀고 싶을 것이다.

④ 공무원 때문에 일을 더 하게 되어서 화가 났을 것이다.

⑤ 일은 하기 싫지만 아파서 일을 못 하게 될까 봐 걱정될 것이다.

주어진 문제에 관한 답을 쓰시오.

(1) 아동은 어떤 권리를 갖는가? 글에 언급된 <u>여섯 가지</u>를 쓰시오.

1. _____

2. _____

3. _____

4. _____

5. _____

6. _____

(2) 밑줄 친 ㉡ 상황의 아동에게 주어지지 <u>않은</u> 가장 큰 권리는 무엇인가?

_____

● 환경을 지키기 위해 우리가 어떤 일을 할 수 있을까요?

〈가〉 하와이와 캘리포니아 사이 북태평양에는 거대한 쓰레기 섬이 있다. 이 쓰레기 섬의 크기는 한반도의 8배이며, 10년마다 10배씩 커지고 있다고 한다. 이 쓰레기 섬의 대부분을 차지하는 것은 주로 비닐과 플라스틱인데, 플라스틱 제품 중 다수를 차지하는 것은 일회용 페트병이다.

〈나〉 국립 해양 연구소의 한 연구원은 쓰레기 섬의 위험성에 대해 다음과 같이 말한다.

"이 쓰레기 섬의 크기가 커지고 있다는 것이 제일 심각한 문제입니다. 플라스틱은 물 위에 떠다니다 파도나 자외선의 영향을 받아 분해되기 시작합니다. 문제는 이 분해된 플라스틱이 5㎜ 이하의 미세 플라스틱이라는 점입니다. 작은 물고기들이 이것을 먹이로 알고 먹는데, 결국 소화를 하지 못 해서 죽습니다. 설령 죽지 않더라도 2차 포식자, 3차 포식자인 고등어, 갈치, 참치, 바닷새, 상어에게 잡아먹혀 포식자의 몸속에 플라스틱이 축적되고, 결국 이 플라스틱은 사람의 몸속으로 들어오게 되죠. 북태평양 쓰레기 섬은 한 나라가 치울 수 없을 정도로 거대합니다. 지금 당장 태평양 연안의 모든 나라가 힘을 합쳐 쓰레기 섬 일대를 청소하고 플라스틱 사용을 줄여야 합니다."

〈다〉 현재 전 세계에서는 플라스틱과 페트병 사용을 줄이기 위한 대책을 마련하고 있으나 대체재가 마땅치 않아 어려움을 겪고 있다. 따라서 여러 환경 보호 단체에서는 플라스틱의 재활용을 현실적 대안으로 제시하고 있다.

"페트병의 주재료인 PET, 즉 폴리에틸렌 테레프탈레이트는 가볍고 맛과 냄새가 없어 음료수 용기를 만드는 재료로 많이 쓰입니다. (㉠) 그대로 버려지면 자연환경을 심각하게 파괴하는 물질이 되죠. 전 세계에서 페트병 대체재를 개발하기 위해 많은 연구를 하고 있지만 생산 단가와 성능 문제 때문에 활용도는 낮은 편입니다. 따라서 현재는 페트병 재활용 방법에 대한 연구가 많이 이루어지고 있습니다. (㉡), 최근에 개발된 플라스틱 벽돌은 페트병을 녹인 후 벽돌 형태로 만들어 건축자재로 활용하기 위한 것입니다. 미국의 바이퓨전 회사에서 빈곤층 주택 사업에 사용하기 위해 플라스틱 벽돌을 만들고 있지요. 플라스틱 벽돌은 콘크리트 벽돌과 비교해 제작 과정에서 온실가스를 94% 감축할 수 있습니다. 또한 폐플라스틱을 즉각 재활용할 수 있어서 가장 매력적인 대안으로 평가되고 있습니다. 현재 콜롬비아에서는 42가구 정도가 플라스틱 벽돌로 만든 집에서 살고 있습니다."

〈라〉 페트병은 '페트병 전구'의 핵심 재료로도 활용되고 있다. 페트병 안에 물과 표백제를 넣고 천장에 구멍을 뚫어 페트병을 설치하면 되는데, 병을 통과한 태양빛이 병 안의 물과 표백제로 인해 사방으로 흩어져 어두운 실내에 형광등을 켠 것과 비슷한 효과를 얻을 수 있다. 이외에도 페트병에서 추출한 폴리에스테르 섬유로 만든 옷도 있으며, 최근에는 건축 단열재, 소파 충전재 등에도 페트병이 활용되고 있다.

〈마〉 북태평양 쓰레기 섬은 우리의 노력으로 해결할 수 있는 문제다. 더 기다릴 시간이 없음을 깨닫고 지금 당장 페트병 사용을 줄이려는 노력이 시급하다.

단어 뜻 보기

포식자 다른 동물을 먹이로 삼는 동물
축적 지식이나 돈 등을 모아서 쌓는 것
대체재 대신 바꿔 쓸 수 있는 관계의 두 가지 물건
빈곤 살림이 무척 가난하고 어려움
추출한 혼합물 속에서 분리한 ⑩ 추출하다
단열재 온도 유지 또는 열 차단을 위해 사용되는 재료
시급하다 몹시 급하다

★★★
내용
파악하기 ① 다음 중 글을 통해 알 수 <u>없는</u> 사실은 무엇인가?

① 페트병의 재활용 방법
② 거대 쓰레기 섬의 위치
③ 페트병의 주재료와 사용 이유
④ 플라스틱이 생태계에 끼치는 위험성
⑤ 페트병 사용을 줄이기 위한 개인의 실천 방안

★★
내용
파악하기 ② 페트병 대체재 개발 연구가 효과적이지 <u>않은</u> 이유는 무엇인가?

☐ ☐ 단가와 ☐ ☐ 문제로 활용도가 낮아서

103

3 빈칸 ㉠과 ㉡에 들어갈 말을 알맞게 짝지은 것을 고르시오.

㉠ — ㉡   ㉠ — ㉡

① 하지만 — 예를 들어   ② 그리고 — 따라서

③ 또한 — 그렇지만   ④ 그래서 — 왜냐하면

⑤ 그러나 — 게다가

4 페트병의 재활용 제품으로 글에 언급된 것을 <u>모두</u> 고르시오.

① 페트병 전구

② 폐플라스틱을 이용한 장난감

③ 플라스틱 벽돌과 같은 건축자재

④ 페트병에서 뽑은 섬유로 만든 의류

⑤ 폐플라스틱을 활용한 전자제품

5 글에 관한 설명 중 바른 것에는 ○, 바르지 <u>않은</u> 것에는 ×를 표시하시오.

(1) 쓰레기 섬을 구성하는 것 중 대다수는 비닐과 폐플라스틱이다.   (   )

(2) 바다에 버려진 플라스틱은 파도와 자외선에 의해 분해된다.   (   )

(3) 작은 물고기는 작게 분해된 미세 플라스틱을 잘 소화한다.   (   )

(4) 작은 물고기, 2차 포식자, 3차 포식자를 거쳐 인간의 몸으로   (   )
    플라스틱이 쌓인다.

(5) 플라스틱 벽돌은 즉각 재활용할 수 있지만, 다량의 온실가스를   (   )
    배출한다.

문단
이해하기 ★★ 6 아래 표는 글의 문단별 중심 내용을 정리한 것이다. 빈칸에 들어갈 알맞은 내용을 상자에서 찾아 기호를 쓰시오.

〈북태평양의 거대 쓰레기 섬〉

〈가〉문단	
〈나〉문단	
〈다〉문단	
〈라〉문단	
〈마〉문단	

㉠ 페트병(플라스틱) 사용을 줄이기 위한 노력 촉구

㉡ 북태평양의 거대 쓰레기 섬 소개: 크기, 구성

㉢ 플라스틱이 생태계에 끼칠 위험성

㉣ 플라스틱(페트병)을 재활용한 예: 폐플라스틱 벽돌

㉤ 플라스틱(페트병)을 재활용한 예: 페트병 전구 등

3과 문학과 예술

문학과 예술은 우리의 감수성을 키워 삶을 아름답고 풍성하게 가꾸어 가는 데 큰 역할을 합니다. 또한 우리는 예술 작품을 통해 살아가는 데 필요한 가치와 교훈도 얻을 수 있습니다. 이러한 문학과 예술 작품을 감상해 봅시다.

목표 다음 독해 기술을 이용해 봅시다.

- ✅ **낱말 이해하기**
- ✅ **내용 파악하기**
- ✅ **주제 이해하기**
- ◯ 문단 이해하기
- ✅ **글의 갈래 알기**
- ✅ **글의 구성 알기**
- ✅ **요약하기**
- ✅ **추론하기**
- ✅ **적용 및 문제 해결하기**
- ✅ **감상하기**

교과서 연계
- •[5학년 1학기] 국어 3단원 '글을 요약해요'
- •[5학년 2학기] 국어 7단원 '중요한 내용을 요약해요'
- •[5학년 2학기] 사회 1단원 '옛사람들의 삶과 문화'
- •[6학년 1학기] 국어 2단원 '이야기를 간추려요'
- •[6학년 2학기] 국어 3단원 '타당한 근거로 글을 써요'

독서는 마음의 양식!

아래 주어진 그림과 사진은 뒤에서 읽게 될 글과 연관이 있습니다. 그림과 사진에서 얻은 정보와 느낌을 바탕으로 다음 질문에 답해 봅시다.

1

와, 왜요?

• 그림의 상황은 어떠한 것 같은가?

(ㄱ) 옷차림이 남루한 남자에게 신부가 촛대를 선물하고 있는 것 같다. 남자와 경찰은 신부의 행동을 이해하지 못하는 것 같은 표정이다.

(ㄴ) 신부가 화를 내면서 남자의 손에서 촛대를 빼앗는 장면 같다. 남자는 신부의 촛대를 훔친 것처럼 보인다. 경찰 또한 몹시 화가 난 듯한 모습이다.

2

• 사진의 도자기가 나오는 글에서는 어떤 내용이 전개될 것 같은가?

(ㄱ) 밑이 좁아 물을 가득 채우면 쉽게 쓰러질 것 같은 형태여서 이 도자기는 실용성이 떨어진다는 내용이 나올 것이다.

(ㄴ) 오묘한 푸른색 빛깔로 보아 고려 시대에 만들어진 도자기인 것 같다. 고려청자의 아름다움과 우수성에 관한 내용이 나올 것이다.

3

• 이 그림이 나오는 글에서는 어떤 내용이 전개될 것 같은가?

(ㄱ) 접시 색깔만 다르고 같은 포도가 있는 그림이 제시된 것으로 보아 색의 대비에 관한 정보를 설명하는 지문일 것 같다.

(ㄴ) 포도의 품종, 재배 방법 등에 관해 설명하는 내용이 나올 것 같다.

독해 실력이 쌓여간다!

01

● 색의 대비에 관해 알고 있나요?

미술 선생님께서 수업 시간에 티셔츠 두 벌을 보여 주셨다. 하나는 하얀 바탕 위에 회색 강아지, 다른 하나는 검은 바탕 위에 회색 강아지가 그려진 티셔츠였는데, 어떤 강아지가 더 밝아 보이는지 물으셨다.

검은 바탕 위의 강아지가 더 밝아 보인다고 우리는 대답했다. 그런데 놀랍게도, 선생님은 강아지 그림의 밝기가 같다면서 '색의 대비'에 관해 설명해 주셨다. 색의 대비는 같은 색이라도 주변 색이 어떤가에 따라 원래의 색이 다른 색으로 보이는 것을 말한다. 우리는 다양한 색의 대비 중에서도 색상 대비, 명도 대비, 면적 대비, 보색 대비에 관해서 배웠다.

색상 대비는 다른 두 색을 같이 놓았을 때 서로 상대 색의 영향을 받아 원래와 다른 색으로 보이는 현상으로, 아래 그림을 예로 들면, 파란 접시 위의 포도가 빨간 접시 위의 포도보다 더 붉어 보인다.

명도 대비는 같은 색이라도 밝은색 배경 위에서는 어둡게, 어두운색 배경 위에서는 밝게 보이는 현상을 말한다. 검정 바탕 티셔츠의 회색 강아지가 더 밝아 보이는 현상이 여기에 속한다.

면적 대비는 면적이 큰 쪽의 색이 더 밝고 선명해 보이는 현상으로, 아래 그림을 보면 같은 파란색이더라도 면적이 큰 쪽이 더 밝고 선명한 듯이 보인다.

보색 대비는 색상환에서 가까운 위치에 있는 색끼리 배색하면 비슷하고 친근한 느낌을 주고, 멀리 떨어져서 마주 보는 곳에 있는 보색끼리 배색하면 서로의 영향으로 색의 채도가 높아져 강렬하고 자극적인 느낌을 주는 현상을 말한다. 초록색은 연두색에 인접해 있을 때보다 보색인 빨간색에 인접해 있을 때 더 자극적이고 강렬하게 보이는 것을 알 수 있다. 교통 신호등에 초록불과 빨간불을 사용하는 것도 ㉠이 효과를 이용한 것이다.

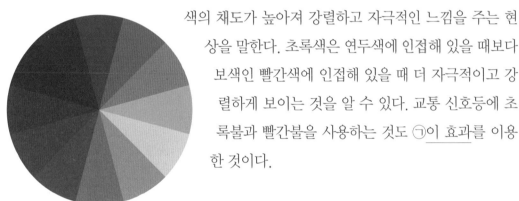

색상환

단어 뜻 보기 ┃ 명도 색의 밝고 어두운 정도
보색 섞었을 때 무채색이 되는 두 색깔 중 한쪽을 가리킬 때 쓰는 말
색상환 색상이 다른 색들을 둥글게 배열하여 색상의 속성을 이해할 수 있게 한 것
배색 두 가지 이상의 색을 나란히 놓음
채색 색의 맑고 탁한 정도
인접 가까이 있거나 서로의 경계에 닿아 있음

★★
낱말
이해하기 ① **색의 대비란 무엇인가?**

2 밑줄 친 ㉠이 효과가 가리키는 것을 쓰시오.

_____

3 색의 대비 중 아래 주어진 〈보기〉가 설명하는 것을 쓰시오.

〈보기〉 방에 벽지를 다 바르고 난 뒤에 보면, 바르기 전에 작은 벽지 견본으로 볼 때보다 더 밝고 선명하게 느껴지기 때문에 벽지를 고를 때 이러한 점을 고려해서 선택해야 한다.

_____

4 글의 내용으로 바른 것에는 ○, 바르지 않은 것에는 ×를 표시하시오.

(1) 색의 대비는 색상, 명도, 면적, 보색 대비뿐이다.   (   )

(2) 색상환에서 서로 마주 보는 가장 먼 거리의 색을 보색이라고 한다.   (   )

(3) 색상환에서 인접한 색은 자연스럽고 비슷한 느낌을 준다.   (   )

(4) 배경색에 따라 같은 색이라도 밝기 차이가 나는 것을 명도 대비라고   (   )
한다.

02 나에게 잘못한 친구를 쉽게 용서해 줄 수 있을까요?

장발장은 가난한 집에서 태어난 데에다 어릴 때 부모님을 잃어 제대로 배우지도 못했습니다. 그렇게 어른이 된 장발장은 어느 겨울, 조카들을 먹이기 위해 빵집에 들어가 빵 하나를 훔쳐 달아나다가 잡혔습니다. 법정에서 유죄 판결을 받고 감옥에 수감된 장발장은 여러 차례 탈옥을 시도했으나 매번 붙잡혀서 형량이 19년으로 늘어났습니다.

시간이 흘러 가석방이 된 장발장은 감옥을 나와 잠잘 곳을 찾았으나 모두가 그를 거절했습니다. 그때 그에게 저 멀리 성당의 십자가가 보였습니다. 터덜터덜 성당으로 들어가니 성당의 신부가 그에게 말했습니다.

"당신이 어떤 사람이든지 상관없습니다. 이곳은 내 집이 아니라 그리스도의 집이니까요."

신부는 은그릇을 꺼내 와서 장발장에게 따뜻한 저녁을 대접했습니다. 그날 밤 침대에 누워 있다가 장발장은 조용히 일어났습니다. 식사할 동안 눈여겨보았던 은그릇을 훔치려는 것이었습니다. 자신에게 친절을 베푼 신부에게는 미안했지만, 집으로 돌아가 조카들을 부양하려면 돈이 필요했습니다. 결국 장발장은 몰래 은그릇을 가지고 도망쳤습니다.

다음날 성당에서는 없어진 은그릇 때문에 한바탕 소동이 일어났지만, 신부는 아무 말도 하지 않았습니다. 그런데 잠시 뒤, 경찰이 성당으로 장발장을 끌고 왔습니다. 그를 본 신부는 반갑게 인사를 건넸습니다.

"다시 만나 반갑습니다. 어제 제가 은촛대도 선물했는데 그건 왜 빠뜨리고 갔나요?"

"이 자가 갖고 있는 은그릇이 훔친 게 아니라 신부님께서 주신 거라고요? 진짭니까?"

경찰은 믿지 못하겠다는 듯 몇 번이고 물었습니다. 신부가 장발장에게 은그릇을 주었다고 말했기 때문에 경찰은 장발장을 풀어 줄 수밖에 없었습니다. 경찰에게 풀려나서 돌아서는 장발장에게 신부는 말했습니다.

㉠"잠깐만, 여기 은촛대도 가지고 가야죠."

장발장은 멍하니 서 있었습니다. 그런 그에게 다가가 신부는 조용히 속삭였습니다.

"약속해 주세요. 이것들을 판 돈으로 정직하고 선한 일을 하는 사람이 되겠다고."

이 일은 장발장이 새로운 인생을 시작하게 해 주었습니다. 그는 이전의 삶을 뉘우치고, 어려운 사람을 도와주는 삶을 살게 되었습니다.

★ 내용 파악하기 1 장발장이 빵과 은그릇을 훔친 이유는 무엇인가?

① 조카들이 졸라서

② 경찰들을 골려 주려고

③ 친절하지 않은 신부를 벌하려고

④ 자기의 용감함을 증명하려고

⑤ 조카들을 돌보기 위해서

★★ 추론하기 2 신부가 밑줄 친 ㉠처럼 말한 이유로 가장 알맞은 것은 무엇일까?

① 전날 밤, 은촛대를 주겠다고 약속했기 때문에

② 예전에 장발장이 성당에 맡겨 놓았던 은촛대여서

③ 경찰에게 장발장에게 숙식을 제공했다고 비난받을까 봐

④ 쓰던 것에 질려서 새로운 은촛대를 장만하고 싶었기 때문에

⑤ 이 경험을 통해 장발장이 정직하고 착한 사람이 되기를 바라서

★ 내용 파악하기 3 신부가 한 일로 바른 것에는 ○, 바르지 않은 것에는 ×를 표시하시오.

(1) 갈 곳 없는 장발장에게 잠자리를 마련해 주었다. (　　　)

(2) 장발장에게 은그릇뿐 아니라 은촛대도 주었다. (　　　)

(3) 은그릇을 꺼내 장발장에게 저녁 식사를 대접했다. (　　　)

(4) 장발장의 잘못을 뉘우치게 하려고 경찰에 신고했다. (　　　)

4 이야기를 읽은 후의 감상으로 가장 적절한 것은 무엇인가?

① 동현: 죄를 지었으면 무조건 벌을 받아야만 해.

② 혜은: 사람의 외모나 형편을 보면서 친절을 베풀어야 해.

③ 정희: 불쌍히 여기는 마음과 용서하는 마음으로 사람을 바꿀 수 있는 것 같아.

④ 창민: 사람이 약삭빨라야지 착하면 늘 자기만 손해야.

⑤ 희민: 안전한 사회를 유지하려면 정의를 지키는 것이 가장 중요해.

1과 2과 3과 4과 5과

 5 아래 ㉠~㉤을 일이 벌어진 순서에 맞게 나열하시오.

㉠ 장발장이 밤에 몰래 성당의 은그릇을 훔쳐서 도망감.

㉡ 신부는 장발장에게 음식과 잠자리를 제공함.

㉢ 신부에게 감동한 장발장은 반성하고 새사람이 됨.

㉣ 신부는 경찰에게 붙잡힌 장발장에게 은촛대를 선물함.

㉤ 장발장이 빵을 훔친 죄로 감옥에 들어감.

(→   →   →   →   )

03

● 토속민요와 통속민요에 관해 들어본 적이 있나요?

〈가〉 민요는 노래를 만든 사람이 누구인지 알지 못하지만, 이 땅에 살던 옛날 사람들이 즐겨 불러 입에서 입으로 전해진 노래이다. 오랜 시간 우리 민족과 함께한 민요에는 우리의 자연과 문화, 역사, 정서가 담겨 있다. 민요에는 지역별로 독특한 생활 양식, 토속 언어가 녹아 있어서 부르는 방법과 가사, 리듬에서 그 지역만의 특색이 나타나는데, 이를 '토리'라고 한다.

〈나〉 민요는 통속민요와 토속민요로 분류된다. 통속민요는 노래를 잘 부르는 전문 소리꾼들에 의해 우리 땅 모든 곳에서 불린 노래를 말한다. 소리꾼들은 민요를 부를 때 다양한 기교를 부렸으며, 노래의 가락을 세련되게 다듬어서 전국으로 퍼뜨렸다. 이들의 노력으로 아름다워진 통속민요에는 대표적으로 〈아리랑〉, 〈한 오백 년〉, 〈청춘가〉 등이 있다.

〈다〉 토속민요는 서민들이 일상생활에서 자연스럽게 만들어서 부른 단순한 가락의 노래를 말한다. 전국에서 부르던 통속민요와 달리 토속민요는 지방마다 다른데, 특히 지역의 농업 형태에 따라 다르게 발전했다. 예를 들어, 논이 많은 평야 지역의 경우 논매기 노래가 발달하였으며, 강원도와 같이 밭이 많은 지역은 밭갈이 노래가 발달했다.

〈라〉 토속민요는 기능에 따라 크게 '노동요', '의식요', '유희요'로 분류된다. 노동요는 일할 때 부르는 노래로, 노동요를 부르는 목적은 농사일을 하거나 다듬이질, 빨래를 하면서 일의 고단함을 잊고 일의 능률을 높이기 위해서였다. 노를 젓는 등 여럿이 손발을 맞춰야 하는 일을 할 때 동작을 맞추기 위해 부르기도 했다. 의식요는 의식을 진행하면서 부르는 노래이다. 〈상엿소리〉처럼 상여를 메고 가면서 고인을 추모하고 유가족의 슬픔을 달래기 위해 노래를 부르거나, 지신밟기를 할 때 잡신을 물리치고 마을과 가정의 안녕을 빌기 위해 노래를 부르기도 했다. 유희요는 남녀노소가 즐겁게 놀 때 부르던 노래이다. 커다란 마당이나 빈터에 모여 〈강강술래〉, 〈대문열기〉, 〈덕석몰기〉 등을 부르며 친구, 가족, 마을 사람들이 신나게 웃고 즐겼다.

단어 뜻 보기

토속 어떤 지방에만 특별히 존재하는 독특한 습관이나 풍속
통속 세상에 널리 통하는 일반적인 풍속으로 전문적이지 않지만, 일반에게 널리 쉽게 통하는 것
능률 정해진 시간 안에 할 수 있는 일의 비율
추모 죽은 사람을 잊지 않고 그리워함
지신밟기 정월 보름 무렵, 땅의 신을 달래고 복을 비는 민속놀이
덕석 추울 때 소 등을 덮어 주기 위해 짚을 짜서 멍석처럼 만든 것

1 글에서 설명하는 대상이 무엇인지 쓰시오.

_____

2 글의 내용에 따라서 '민요'와 '토리'의 뜻을 구분하여 쓰시오.

민요	
토리	

3 토속민요 또는 통속민요에 해당하는 내용에 맞게 아래 ㉠~㉣을 분류하여 기호를 쓰시오.

㉠ 서민들이 만든 단순한 가락의 노래로, 지방마다 다르다.

㉡ 전문 소리꾼이 부른 세련된 가락을 가진 노래이다.

㉢ 크게 세 가지로 분류되는데, 노동요도 그중 하나이다.

㉣ 〈아리랑〉, 〈한 오백 년〉, 〈청춘가〉 등이 전국에서 불렸다.

토속민요	통속민요

4 다음 중 글의 내용과 일치하는 것은 무엇인가?

① 노동요, 의식요, 유희요는 통속민요의 한 종류이다.

② 유희요는 농사일이나 빨래 등 일할 때 부른 민요이다.

③ 〈덕석몰기〉, 〈강강술래〉, 〈대문열기〉는 대표적인 의식요이다.

④ 토속민요는 지역의 농업 형태에 따라 지방마다 다르다.

⑤ 서민들의 일상생활에서 자연스럽게 만들어지고 불린 것은 통속민요이다.

5 토속민요를 세 가지 기능에 따라 분류한 아래 구조도를 완성하시오.

기능에 따른 분류

(   )
- 일할 때 부르는 노래
  - 일의 고단함을 잊고, 일의 (   )을 높이는 데 목적이 있음
- 여럿이서 (   )을 맞출 때 부르기도 함

의식요
- (   )을 진행하면서 부르는 노래
- 예: 상엿소리

(   )
- 즐겁게 놀 때 부르는 노래
- 예: (   ), 대문열기, 덕석몰기

04

● 고구려 주몽의 이야기를 들어 보았나요?

고구려는 누가 건국했을까요? 고구려는 훗날 동명성왕이 된 주몽이 세웠습니다. 그러면 주몽은 고구려를 어떻게 건국했는지 그 건국 신화를 살펴봅시다.

물의 신 하백에게는 유화라는 딸이 있었습니다. 유화는 천제의 아들 해모수와 사랑에 빠져 아버지의 허락도 받지 않고 그와 결혼했습니다. 하지만 곧 해모수는 유화를 떠나 버렸고, 하백은 유화를 괘씸하게 여겨 집에서 내쫓았습니다. [㉮]

쫓겨난 유화는 태백산 남쪽의 우발수라는 못에 다다랐고, ㉠그곳에서 부여의 왕인 금와왕을 만났습니다. 금와왕은 유화에게 함께 궁궐로 가자고 했고, 유화는 얼마 지나지 않아 ㉡그곳에서 커다란 알을 낳았습니다.

"사람이 알을 낳다니 이건 분명 좋지 않은 징조야." [㉯]

사람들이 이상하게 여기자 금와왕은 알을 돼지우리에 버리라고 했습니다. 그런데 돼지들은 알을 밟지 않고 피해 다녔고, 다시 알을 들판에 버리자 새들이 몰려들어 날개로 알을 품었습니다. 커다란 망치로 알을 부수라고 했지만, 알이 너무 단단해 부서지지도 않았습니다. 결국, 금와왕은 할 수 없이 알을 유화에게 돌려주었습니다.

유화는 알을 잘 싸서 따뜻한 곳에 며칠 두었는데, 거기에서 남자아이가 태어났습니다. 유화의 보살핌을 받으며 건강하게 자란 아이는 일곱 살이 되자 혼자서 활과 화살을 만들었는데, 활을 매우 잘 쏘아서 '주몽'이라고 불렸습니다. [㉰]

나는 주몽이다!

주몽은 자라면서 점점 키가 크고 힘이 세졌습니다. 금와왕의 일곱 아들은 그런 주몽을 미워하여 죽이려는 계획을 세웠습니다. 하지만 다행히 이 사실을 미리 알게 된 주몽은 평소 친하게 지내던 오이, 마리, 협부와 함께 남쪽으로 달아났습니다. 금와왕의 아들들과 군사의 추격을 뿌리친 주몽은 계속 남쪽으로 도망쳐 모둔곡이란 곳에 다다르게 되었습니다. ㉢그곳에서 주몽은 외모와 능력이 아주 출중한 세 사람을 만나 신하로 받아들였고, 함께 더 남쪽으로 내려가 마침내 압록강 중류에 위치한 졸본이라는 지역에 도착했습니다. [㉱] 하지만 졸본에는 이미 많은 부족이 자리를 잡고 있어서 주몽이 뜻을 펼치기 어려웠습니다. 그래서 주몽은 가장 큰 세력인 소노부 부족장의 딸인 소서노와 결혼했습니다. 소노부 부족의 도움을 받아 주몽은 나머지 부족을 자기 부하로 삼게 되었습니다. 마침내 기원전 37년, 주몽은 졸본을 도읍으로 정하고 고구려를 세웠습니다. 그리고 자신의 성을 '고'씨로 고쳤습니다. [㉲]

1 이와 같은 이야기를 무엇이라고 하는가?

건국 ☐☐

2 이 이야기는 어떤 방식으로 쓰였는가?

① 금와왕의 일곱 아들과 주몽의 능력을 비교했다.

② 고구려와 백제, 신라가 어떻게 세워졌는지 썼다.

③ 주몽이 나라를 세우는 데 도움을 준 사람들을 나열했다.

④ 주몽이 고구려를 세우는 과정을 시간의 흐름에 따라 썼다.

⑤ 금와왕의 아들들과 주몽이 대립하게 된 이유를 썼다.

3 밑줄 친 ㉠, ㉡, ㉢의 그곳이 각각 어디를 가리키는지 쓰시오.

㉠: _____

㉡: _____

㉢: _____

4 〈보기〉의 글이 ㉮~㉺ 중 어디에 들어가야 가장 어울릴지 고르시오.

〈보기〉 고구려를 건국한 주몽은 산이 많고 농사지을 땅이 부족한 졸본의 한계를 넘기 위해 주변 나라들을 공격하여 동쪽의 옥저, 서쪽의 중국 요동, 남쪽의 낙랑, 북쪽의 부여로 영토를 넓혀 나갔습니다.

① ㉮   ② ㉯   ③ ㉰   ④ ㉱   ⑤ ㉲

 5 글의 순서대로 아래 기호를 나열하여 글을 요약하시오.

㉠ 졸본에 이른 주몽은 뜻을 펼치기 위해 소서노와 결혼했다.

㉡ 주몽은 위험을 피하여 오이, 마리, 협부와 부여를 떠났다.

㉢ 주몽은 졸본을 수도로 정하고 고구려를 세웠다.

㉣ 금와왕이 우발수 못에서 하백의 딸 유화를 만났다.

㉤ 알에서 태어난 주몽은 활쏘기에 뛰어난 재주를 보였다.

(→   →   →   →   )

● 고려청자와 조선백자를 직접 본 적이 있나요?

박물관에서 우리나라의 대표적 자기인 청자와 백자에 관해 고려 도공과 조선 도공이 서로 이야기하는 애니메이션을 보았다.

고려 도공: 조선백자를 보며 매우 실망했습니다. 고려에서 청자를 만들기 시작한 지 200년 만에 얻어낸 비색을 포기하고 왜 흰색 백자를 만들었는지 이해할 수가 없습니다.

조선 도공: 우선, 조선의 지배 계층인 양반들이 흰색을 좋아했습니다. 또한 중국 명나라에서 공물로 은을 많이 요구하여 "은이 부족하니 궁중에서 은그릇 대신 백자를 사용하라"는 지시까지 내려왔습니다. 이에 궁궐에서 백자를 쓰게 되면서 백자가 사회 전체로 보급되었죠.

고려 도공: 그렇군요. 아, 혹시 오해할까 봐 드리는 말씀인데, 고려청자가 푸른색인 비색으로만 되어 있는 것은 아닙니다. 무늬가 검은 철화청자, 무늬가 하얗게 보이는 퇴화청자, 붉은 무늬의 동화청자, 금으로 무늬를 넣은 화금청자도 있습니다. 제 생각에는 굽는 방법과 유약 속의 철 성분에 따라 각각 다른 색을 낼 수 있는 청자가 백자보다 우수한 것 같습니다.

조선 도공: 백자도 청자만큼 종류가 많습니다. 일단 무늬를 넣지 않거나 물감을 쓰지 않는 순백자, 푸른색으로 그림을 그려 구운 청화백자, 산화철 물감으로 무늬를 넣어 흑갈색, 녹갈색 그림이 고운 철화백자, 붉은색 무늬를 넣은 동화백자가 있습니다. 백자가 결코 고려청자에 뒤지지 않습니다.

고려 도공: 그래도 무늬를 새기고 그 무늬에 금, 은, 흰색 진흙을 넣어 굽는 상감기법을 적용한 도자기나 사자, 오리, 원숭이, 표주박, 석류 등의 모양을 본뜬 상형청자의 아름다움은 백자가 따라올 수 없을 것입니다.

조선 도공: 고려 시대에 제작된 도자기가 다 아름다운 것은 아니죠. 청자에 뿌리를 둔 분청사기를 살펴볼까요? 고려 말, 나라가 어지러울 때 도공들이 왜구를 피해 내륙지방으로 피난을 갔고, 피난 간 곳에서 구한 질이 낮은 흙으로 도자기를 만든 후 백토를 입히고 회청색의 유약을 발라 만든 것이 분청사기죠. 거친 흙으로 빚고 약한 불로 굽다 보니 분청사기는 여러모로 아쉬운 점이 많죠. 이후 조선이 건국되고 나라가 안정되자 고령토라는 좋은 흙을 구할 수 있었고, 이 흙으로 아름답게 잘 만든 것이 바로 백자입니다.

고려 도공: 그래도 색감과 형태, 무늬의 아름다움은 고려청자가 조선백자보다 훨씬 우수합니다.

조선 도공: 전 다른 관점에서 조선백자의 우수성을 말씀드리고 싶습니다. 고려청자는 약 1,280도, 백자는 더 높은 온도인 1,300도에서 구워냅니다. 굽는 온도가 더 높은 백자가 청자보다 단단하기 때문에 더 실용적인 그릇이라고 생각합니다. 전 백자를 굽는 도공이라는 사실에 자부심을 느낍니다.

　도공들의 대화가 생생하게 느껴지는 애니메이션으로 보니, 고려청자와 조선백자의 차이를 쉽게 이해할 수 있었다. 그 후에 박물관에 전시된 여러 도자기를 보면서 우리 조상의 빼어난 솜씨와 감각, 위대함을 다시 한번 느꼈다.

[단어 뜻 보기]

도공 흙으로 그릇을 만드는 것을 직업으로 하는 사람
비색 고려청자가 가지는 것과 같은 푸른색
공물 궁중이나 나라에 세금으로 바치던 특산물
유약 도자기를 구울 때 그 겉면에 바르는 약
산화철 산소와 철 화합물
표주박 조롱박이나 동그란 박을 반으로 쪼개 만든 작은 바가지
실용적 실제 생활에 사용되는
자부심 자기 능력이나 가치를 당당히 여기는 마음

©문화재청 국가문화유산포털　　©국립중앙박물관

주제 이해하기 ① 이 대화에서 주로 이야기하는 것은 무엇인가?

고려 □□ 와 조선 □□ 의 우수성

2 다음 중 고려청자에 대한 설명으로 바른 것은 무엇인가?

① 비색으로 된 자기만 고려청자라고 부른다.

② 굽는 방법과 유약 속 철 성분에 따라 색이 달라진다.

③ 분청사기가 대표적인 고려청자이다.

④ 백자보다 더 높은 온도에서 구워서 단단하다.

⑤ 고령토라는 흙으로 빚은 흰색 자기를 가리킨다.

3 조선 시대에 백자가 널리 보급된 이유 두 가지를 글에서 찾아 쓰시오.

1. _____

2. _____

_____

4 백자에 관한 설명으로 바른 것에는 ○, 바르지 않은 것에는 ×를 표시하시오.

(1) 조선 시대의 대표적인 자기로, 비색을 자랑한다. ( )

(2) 1,300도라는 높은 온도에서 구워서 무척 단단하다. ( )

(3) 고려 말에 만들어진 분청사기에서 더욱 발전한 것이다. ( )

(4) 조선 시대에 백자가 발전하게 된 배경에는 청나라가 있다. ( )

5 이 글은 내용을 어떻게 전개하고 있는가?

① 청자의 종류를 분류하여 설명하고 있다.

② 고려청자와 조선백자를 비교, 대조하고 있다.

③ 조선백자가 만들어진 이유를 자세히 분석하고 있다.

④ 고려청자의 형태와 색감을 자세히 묘사하고 있다.

⑤ 청자와 백자를 만드는 과정을 자세히 설명하고 있다.

6 고려청자와 조선백자에 관해 정리한 표이다. 빈칸에 들어갈 알맞은 말을 글에서 찾아 쓰시오.

	고려청자	조선백자
대표 색깔	비색(푸른색)	( )
세부 종류	• ( )청자: 무늬가 검다. • 퇴화청자: 무늬가 ( ). • ( )청자: 무늬가 붉다. • 화금청자: 무늬에 ( )이 들어간다. • ( )청자: 사자, 오리, 원숭이, 표주박, 석류 등의 모양을 본떴다.	• 순백자: ( )를 넣지 않고 ( )을 쓰지 않는다. • 청화백자: ( )으로 그림을 그려 넣는다. • ( )백자: 산화철 물감으로 무늬를 넣어서 흑갈색, 녹갈색 그림이 곱다. • ( )백자: 무늬가 붉은색이다.
우수성	색감, 형태, 무늬가 아름답다.	청자보다 더 ( )하다.

7 아래 주어진 뜻에 해당하는 말을 글에서 찾아 쓰시오.

(1)

[뜻] 새긴 무늬에 금, 은, 흰색의 진흙을 넣어 굽는 제작 기법

_____

(2)

[뜻] 백토를 입히고 회청색의 유약을 발라 만든 도자기

_____

4과 사람과 역사

역사는 사람들이 과거에 했던 결정과 행동을 기록한 것입니다. 우리는 과거를 공부함으로써 현재를 바르게 이해하고 내일을 위한 계획을 세울 수 있지요. 역사적 의미가 큰 사건들과 그 시대 사람들의 모습을 살펴보면서 배울 점을 생각해 봅시다.

목표   다음 독해 기술을 이용해 봅시다.

- ✓ **낱말 이해하기**
- ✓ **내용 파악하기**
- ✓ **주제 이해하기**
- ○ 문단 이해하기
- ✓ **글의 갈래 알기**
- ✓ **글의 구성 알기**
- ✓ **요약하기**
- ✓ **추론하기**
- ✓ **적용 및 문제 해결하기**
- ✓ **감상하기**

대한 독립 만세!

교과서 연계
- [5학년 1학기] 국어 4단원 '글쓰기의 과정'
- [5학년 2학기] 국어 2단원 '작품을 감상해요'
- [5학년 2학기] 사회 1단원 '옛사람들의 삶과 문화'
- [5학년 2학기] 사회 2단원 '사회의 새로운 변화와 오늘날의 우리'
- [6학년 1학기] 국어 3단원 '짜임새 있게 구성해요'
- [6학년 1학기] 국어 8단원 '인물의 삶을 찾아서'

우리나라의 소중한 문화재나 위인에 관해 잘 알고 있나요? 아래 주어진 사물이나 사람과 연관 있는 내용을 짝지어 봅시다.

1 유관순

•

• (가)
조선 시대의 높은 기술력과 예술미를 보여 주는 흰색 자기

2 조선백자

•

• (나)
금속 활자로 인쇄된 세계에서 가장 오래된 책으로, 현재 프랑스에 있음

3 태극기

•

• (다)
독립운동을 하다가 일본 경찰에 잡혀 열아홉 살의 어린 나이에 감옥에서 죽음

4 〈직지심체요절〉

•

• (라)
한민족의 정신과 민족성을 드러내는 국기로, 1882년부터 정식으로 사용됨

조금만 더!

01

● 구석기, 신석기, 청동기는 어떻게 나누었을까요?

선사 시대를 구별한 톰센과 러복

1788년, 덴마크의 부유한 집안에서 태어난 크리스티안 톰센은 골동품을 매우 좋아하여 어린 시절부터 오래된 물건을 수집하였다. 그는 훗날 유명한 골동품 수집가가 되어 덴마크 왕실로부터 바이킹 때부터 전해 내려온 고대 유물을 정리하라는 작업을 의뢰받게 되었다. 하지만 문자를 사용하기 시작한 역사 시대의 유물과는 달리, 문자가 없었던 선사 시대의 유물을 분류할 방법을 찾을 수가 없었다.

"모든 유물이 돌과 금속으로만 되어 있는데 어떻게 구별해야 하지?"

며칠을 고민하던 톰센에게 좋은 생각이 떠올랐다.

"그래! 돌, 청동, 철기 기준으로 유물을 분류해 보자. 청동과 철은 금속이라도 성분이 다르니 충분히 가능해."

이러한 기준에 따라 유물을 나누자 자연스럽게 선사 시대의 발전 단계가 눈앞에 나타났다.

"도구를 만든 재료인 돌, 청동, 철을 기준으로 선사 시대를 석기 시대, 청동기 시대, 철기 시대로 나눌 수 있겠구나."

톰센은 석기, 청동기, 철기 순으로 분류한 선사 시대 구분법을 발표했고, 많은 학자는 ㉠그의 의견을 받아들였다.

그 후 1860년에 영국의 고고학자 러복은 선사 시대 석기를 연구하던 중 의문을 품게 되었다.

"선사 시대 석기를 보면 그냥 단순히 깨뜨려서 만든 석기와 돌을 갈아서 정밀하게 만든 석기가 있는데, 왜 뭉뚱그려서 '석기 시대'라고 부르지? 더 세분화할 수 있을 것 같은데. 석기 시대를 다시 연구해 보자."

러복은 여러 석기를 자세히 조사하고 연구한 후, 돌을 깨뜨려 도구를 제작한 '구석기 시대'와 돌을 갈아서 도구를 만든 '신석기 시대'로 석기 시대를 다시 구분한 〈선사 시대〉라는 책을 1865년도에 발표했다.

단어 뜻 보기 유물 앞선 세대가 남긴 물건
석기 돌로 만든 도구
세분화 여러 갈래로 나누어 자세하게 분류하는 것

1 밑줄 친 ⊙그의 의견이 가리키는 내용을 쓰시오.

_____

 2 톰센에 관한 설명 중 바르지 않은 것은 무엇인가?

① 어린 시절부터 골동품을 수집하는 것을 좋아했다.

② 선사 시대를 구석기, 신석기, 철기로 구분했다.

③ 덴마크 왕실로부터 고대 유물 정리를 의뢰받았다.

④ 도구 재료를 기준으로 선사 시대를 구분했다.

⑤ 고대 유물을 돌, 청동, 철기 기준으로 분류했다.

 3 아래 표는 톰센과 러복의 연구를 토대로 선사 시대를 분류한 것이다. 빈칸에 알맞은 말을 쓰시오.

선사 시대			
	→	→	→ 철기

 4 빈칸에 들어갈 알맞은 말을 글에서 찾아 글을 요약하시오.

> 톰센은 도구를 만드는 (   )를 기준으로 선사 시대를 (   ) 시대,
> 청동기 시대, 철기 시대로 구분하였고, 러복은 석기 시대를 돌을 깨뜨려 사용한
> (   ) 시대와 돌을 갈아서 사용한 (   ) 시대로 구분하였다.

02

● '절두산'의 유래에 관해 알고 있나요?

대한민국 천주교의 성지: 절두산

내 이름은 김순직, 양화나루 근처에 사는 어부올시다. 최근 잠두봉에서 벌어진 끔찍한 일을 본 후로 밤만 되면 무서워 집 밖으로 나갈 수가 없습니다.

동네 어르신께서 말씀하시길 잠두봉이 있는 양화진은 '정선'이라는 유명한 화가가 〈양화진도〉라는 그림을 그릴 정도로 경치가 좋았다고 합니다. 동네 사람들은 그곳이 누에의 머리를 닮았다고 해서 '잠두봉'으로 불렀는데, ㉠글을 배운 양반들은 이곳을 '용두봉'이라고 부르곤 했습니다.

그날은 아침부터 많은 사람이 포졸에게 잡혀 잠두봉으로 끌려갔습니다. 그 안에는 옆집 개똥이 처도 있었고, 평소에 제게 늘 친절히 대해 주던 박첨지 어른도 있었습니다. 그리고 태어나서 처음 보는 이상하게 생긴 사람도 있었습니다. 키가 크고 피부가 하얗고 머리카락이 노란색인 데다 치마 같은 옷을 입고 있었죠. 그 무리와 큰 칼을 든 망나니들도 함께 올라갔습니다.

잠두봉에는 '둥둥' 하며 큰 북소리가 울렸습니다. 주위는 조용해졌고, 망나니들은 칼춤을 추기 시작했지요. 전 보기만 해도 너무 무서웠는데, 끌려온 사람들은 살려달라고 울부짖지도 않고 평온한 표정으로 손을 모으더니 이상한 주문을 외우기 시작하더군요. 잘 들리지는 않았지만, '하늘에 계신 우리 아버지'로 시작하는 주문이었습니다. 그들은 또 노래를 부르기 시작했습니다. 그 광경을 보다가 이상해서 옆에 있던 포졸에게 물어보았습니다.

"저들은 무슨 죄를 지었길래 참형을 당하는 거요?"

"모두 천주쟁이들이라오. 저들은 하느님의 계율에 어긋난다며 신주를 불태운다고 하오. ㉡어떻게 조상의 영혼이 담긴 신주를 불태울 수 있는지 난 이해가 가지 않소. 게다가 사람은 하느님 아래서 모두 평등하다는 이상한 말을 한다고 하오. 버젓이 우리 조선에는 ㉢임금님과 양반들이 있는데 어찌 모두가 평등할 수 있다는 건지……, 참 어리석은 사람들 아니오? 아무튼, 그런 이유로 대원군께서 저들을 모두 참형으로 다스리라 명하셨소."

"저기 머리카락이 노랗고 신기하게 생긴 사람은 누구요?"

"㉣저자를 '신부'라고 합디다. 미국이라는 나라에서 건너온 양인이라던데, 천주쟁이들을 이끄는 스승이라고 하오."

"저 많은 사람이 살인을 저지르거나 역적 짓을 한 것도 아닌데 참형을 당해야 한다니 너무하지 않습니까?"

"나도 마음이 무겁소. ㉤이야기해 보니 모두 착한 사람들인데, 왜 서양 귀신을 믿어서 저 꼴을 당하는지……."

망나니들의 칼춤이 끝나자 천주쟁이들은 더 큰 소리로 노래를 부르고 주문을 외우기 시작했습니다. 묶여 있던 개똥이 처와 박첨지 어르신도 노래를 불렀습니다. 더는 지켜볼 수가 없어 저는 잠두봉을 내려왔습니다.

"이제부터 잠두봉이 아니라 절두산이여. 머리 자르는 절두산!"

같이 내려오던 마을 사람이 넋두리를 하듯 중얼거렸습니다. 며칠이 지났으나 지금도 이상한 주문과 노래가 계속 제 귀에 들리는 것 같습니다.

단어 뜻 보기

망나니 조선 시대에 사형을 집행할 때 죄인의 목을 베는 일을 맡았던 사람

참형 사람 목을 베어 죽이는 형벌

–쟁이 사람의 특성이나 성질을 나타내는 말 뒤에 붙어 '그런 특성을 가진 사람'이라는 뜻이 됨. 얕잡아 보는 뜻이 있음

계율 신의 이름으로 정한 종교적인 규범

신주 죽은 사람의 이름과 죽은 날짜가 적힌 나무패

버젓이 보란 듯이 뻔뻔하게

양인 서양 사람

넋두리 하소연하듯 길게 늘어놓는 억울함이나 불만

1 이 글의 종류는 무엇인가?

① 기행문　　　　　　② 소설

③ 독후감　　　　　　④ 논설문

⑤ 건국 신화

2 잠두봉이 절두산으로 불리게 된 이유는 무엇인가?

① 임금이 절두산으로 부르라고 명령했기 때문이다.

② 사람들이 잠두봉 근처에 많이 살았기 때문이다.

③ 봉우리가 누에의 머리를 닮았다고 사람들이 여겼기 때문이다.

④ 천주교 신자들이 신주를 불태웠던 곳으로 유명하기 때문이다.

⑤ 천주교 신자들이 목이 잘리는 참형을 당한 곳이기 때문이다.

3 당시 시대상을 미루어 짐작할 수 있는 것으로 바르지 <u>않은</u> 것을 고르시오.

① 당시 천주교는 서양인에 의해 전파되었다.

② 임금과 양반은 천주교를 위협적인 종교로 생각했다.

③ '천주쟁이'라는 말로 보아 천주교에 대해 거부감이 있었다.

④ 서양과 교류하면서 잠두봉을 포함해 많은 지역을 개발하고 있었다.

⑤ 나라에서 천주교를 인정하지 않아서 사람들이 몰래 믿던 때였다.

 4 다음 중 천주교 신자에 대한 당시 일반 사람들의 인식을 짐작할 수 있는 문장이 <u>아닌</u> 것은 무엇인가?

① ㉠   ② ㉡   ③ ㉢   ④ ㉣   ⑤ ㉤

 5 절두산에서 벌어진 일을 본 김순직의 마음으로 떠올리기 <u>어려운</u> 것은 무엇일까?

① 많은 사람의 참형을 보면서 무섭고 끔찍했을 것이다.

② 천주교를 믿는 것은 위험한 일이라고 생각했을 것이다.

③ 가까운 이웃이 처형되는 것을 보고 안타까웠을 것이다.

④ 잠두봉 근처에서 물고기를 잡을 수 없어 화가 났을 것이다.

⑤ 큰 죄가 없는데 종교 때문에 사람을 죽이는 것을 이해할 수 없었을 것이다.

 6 다음 중 이 글을 읽고 난 후의 감상으로 적절하지 <u>않은</u> 것은 무엇인가?

① 선호: 조선 시대에는 자기 마음대로 믿고 싶은 종교를 선택할 자유는 없었던 것 같아.

② 종인: 사회 질서를 유지하려면 강력한 힘이 필요해. 그래서 난 오늘날도 조선 시대처럼 왕이 있어야 할 것 같아.

③ 지인: 새로운 문화나 지식이 들어오면 잘 모르니까 처음에는 무서워할 수 있고 그것 때문에 잘못된 결정을 내릴 수도 있는 것 같아.

④ 두준: 옛날에는 왕이나 큰 권력을 가진 사람이 말 한 마디로 사람을 쉽게 죽일 수 있었다는 게 무서워.

⑤ 라희: 평등을 말하는 천주교가 사회 질서를 흔들 거라고 조선의 지배층은 생각한 것 같아.

03

● 우리의 문화재 〈직지심체요절〉에 관해 알고 있나요?

〈가〉 저는 지난달에 〈직지심체요절〉에 관해 다양한 매체를 찾아서 조사했습니다. 조사하면서, 우리 조상들의 기술과 노력, 끈기에 감탄했고 이 소중한 문화재를 현재 우리나라에서 볼 수 없다는 사실이 너무 안타까웠습니다. 오늘 저는 우리나라의 소중한 문화유산이며, 세계 최초의 금속 활자본인 ㉠이것을 소개하고자 합니다.

〈나〉 삼국 시대에 불교가 전래한 이후, 불경을 보급하는 일은 매우 중요한 일이었습니다. (㉡) 우리 조상들은 많은 사람이 불경을 쉽게 접할 수 있도록 세계에서 가장 오래된 목판 인쇄물인 〈무구정광대다라니경〉을 편찬하기도 했지요. (㉢) 책을 찍어낼 때마다 목판이 조금씩 손상되면서 나중엔 닳아서 글자가 제대로 인쇄되지 않았습니다. 그것 때문에 우리 조상들은 나무를 대신할 재료를 찾던 중 금속에 주목하게 되었지요. 하지만 수천 번을 찍어도 닳지 않으며 깨끗하게 인쇄되는 금속 활자를 만드는 일은 쉽지 않았어요. 수많은 연구와 시행착오를 거친 끝에 마침내 우리 조상은 세계 최초로 금속 활자를 만들어 내었습니다. 그렇게 해서 찍은 책이 〈직지심체요절〉, 줄여서 〈직지심경〉입니다. ㉣이것은 1455년 독일의 구텐베르크가 금속 활자로 성서를 찍어낸 것보다 무려 70여 년이나 앞서 이룩한 엄청난 업적이지요.

ⓒ국립중앙박물관

〈다〉 〈직지심체요절〉은 1972년에 유네스코로부터 세계에서 가장 오래된 금속 활자본으로 인정받았고, 2001년 9월에는 세계기록유산으로 등재되었습니다. 〈직지심체요절〉은 원래 〈백운화상/초록/불조/직지심체요절〉이라는 긴 제목을 가지고 있습니다. 이것은 '백운화상이 옛날에 살았던 승려들의 훌륭한 말 가운데 도움이 될 만한 것들을 뽑아서 만들었다'는 의미입니다. 1377년, 고려 시대에 청주의 흥덕사에 있던 석찬과 달잠이라는 승려가 스승인 백운화상의 가르침을 널리 알리고자 만든 책인 것이죠. '직지심체'는 '직지인심 견성성불(直指人心 見性成佛)', 즉 '공부를 해서 사람의 마음을 직시하게 되면 그 마음이 곧 부처님의 마음이라는 것을 알게 된다'라는 불경 구절에서 따온 것이기도 합니다.

〈라〉 하지만 우리의 자랑스러운 〈직지심체요절〉은 현재 우리나라에 없고 프랑스 국립 도서관에 있습니다. 조선 말기 프랑스 외교관이었던 콜랭 드 플랑시가 이 책을 사서 프랑스로 가져갔고, 나중에 앙리 베베르라는 골동품 수집가가 다시 사들였다고 해요. 자기가 죽은 뒤 〈직지심체요절〉을 프랑스 국립 도서관에 기증한다는 유언을 남긴 앙리 베베르의 뜻에 따라 1950년부터 지금까지 그곳에 보관되어 있습니다. 이 소중한 문화유산이 우리나라에 없는 현실이 안타까울 따름입니다.

밑줄 친 ㉠과 ㉣의 이것이 가리키는 내용을 각각 쓰시오.

㉠: _____

㉣: _____

_____

빈칸 ㉡과 ㉢에 들어갈 말을 알맞게 짝지은 것은 무엇인가?

    ㉡ — ㉢   ㉡ — ㉢

① 그리고 — 그리고   ② 그렇지만 — 그러나

③ 왜냐하면 — 게다가   ④ 또한 — 따라서

⑤ 그래서 — 하지만

우리 조상이 금속 활자를 만들게 된 이유는 무엇인가? 글에서 찾은 알맞은 말로 아래 설명의 빈칸을 채우시오.

> 삼국 시대에 전래한 불교의 가르침을 담은 (   )을 널리 퍼뜨리는 것이 매우 중요했다. 그래서 나무로 된 (   )을 사용하여 (   )을 찍어 냈지만, 나중엔 판이 손상되어 글자가 닳았다. 이에 깨끗하게 찍을 수 있는 (   ) 활자 개발의 필요성을 느끼게 되었다.

 **4** 〈직지심체요절〉에 관한 사실 중 글에서 알 수 <u>없는</u> 것은 무엇인가?

① 〈직지심체요절〉의 다른 이름　　　　② 〈직지심체요절〉의 판매 가격

③ 〈직지심체요절〉의 출간연도　　　　④ 〈직지심체요절〉의 제목 뜻

⑤ 〈직지심체요절〉의 저자

5 〈직지심체요절〉에 관한 내용으로 바르지 <u>않은</u> 것은 무엇인가?

① 세계 최초의 금속 활자본이다.

② '직지심체'는 불경 구절에서 따온 것이다.

③ 유네스코 세계기록유산으로 등재되었다.

④ 현재 프랑스 국립 도서관에 보관되어 있다.

⑤ 다른 이름 중 하나는 〈무구정광대다라니경〉이다.

6 글에 관한 설명 중 바른 것에는 ○, 바르지 <u>않은</u> 것에는 ×를 표시하시오.

(1) 세계에서 가장 오래된 목판 인쇄물은 불경이다.　　　　　　　(　　)

(2) 〈직지심체요절〉은 서양의 금속 활자본보다 70여 년 앞섰다.　　(　　)

(3) 1972년, 〈직지심체요절〉은 가장 오래된 금속 활자본으로 인정받았다. (　　)

(4) 금속 활자는 자주 찍으면 닳아서 글자가 잘 안 보이는 단점이 있다. 　(　　)

(5) 글쓴이는 〈직지심체요절〉이 프랑스에 보관된 것에 안심하고 있다. 　(　　)

04

● 여러분은 태극기에 관해 얼마나 알고 있나요?

국기란 나라를 상징하는 깃발입니다. 국기의 문양에는 그 나라의 문화와 역사, 정신이 담겨 있습니다. 미국 국기인 성조기에는 미국을 구성하는 50개 주를 상징하는 별이 그려져 있습니다. 터키 국기에는 초승달과 별이 그려져 있는데, 이것은 터키의 국교인 이슬람교의 중요한 상징입니다. 기독교를 믿는 스웨덴, 핀란드, 스위스 국기에는 십자가가 그려져 있습니다. 그러면 우리나라 국기인 태극기에는 어떤 의미가 담겨 있을까요? ㉮

태극기가 정식으로 사용된 해는 1882년이었습니다. 일본은 임오군란으로 피해를 입었다는 핑계로 조선 땅에 군대를 마음대로 주둔시키고서 수신사를 보내라고 요구했습니다. 수신사 중 한 명이었던 박영효는 배 안에서 직접 태극기를 그렸습니다. 처음에는 흰색 천에 태극 무늬를 그리고 주위에 8개의 괘를 그렸으나 너무 복잡해서 결국 괘 수를 4개로 줄였습니다. 불행히도 박영효가 그린 태극기는 현재 남아 있지 않습니다. ㉯

태극기의 원래 이름은 '조선국기'였습니다. 그러나 1919년 3·1운동 당시 일본의 감시를 피하고자 조선국기가 아닌 '태극기'라고 부르기로 했습니다. 사람들은 만세 운동을 하기 위해 태극기를 들고나오기로 약속했고, 이후부터 조선국기 대신 태극기라는 이름을 사용하게 되었습니다. ㉰

태극기의 바탕색인 흰색은 밝음, 순수, 평화를 상징합니다. 태극 문양은 밝고 뜨거운 기운인 '양'을 나타내는 붉은색, 그리고 차가운 '음'의 기운을 나타내는 파란색으로 되어 있습니다. 〈주역〉이라는 책에서 태극은 음양의 조화를 나타내며, 이 안에 우주와 자연의 이치가 있다고 설명합니다. ㉱

'건곤감리'라고 부르는 건(乾)·곤(坤)·감(坎)·이(離)의 4괘는 태극기의 네 모서리에 각각 그려져 있습니다. 검은색 막대기로 그려진 4괘는 음과 양이 변화한 모습을 표현하고 있습니다. 왼쪽 상단의 '건'은 하늘, 왼쪽 하단의 '이'는 불, 오른쪽 상단의 '감'은 물, 오른쪽 하단의 '곤'은 땅을 나타냅니다. ㉲

단어 뜻 보기

국교 국가가 공식적으로 인정한 종교

문양 천이나 조각에 장식한 무늬나 모양

임오군란 1882년 6월 9일 구식 군대가 일으킨 병란. 13개월 동안 밀린 봉급 대신 정부가 불량 쌀을 지급해서 발생함

수신사 조선 말에 일본에 보낸 외교사절

괘 〈주역〉에서 '천지 간의 변화를 드러내고 길흉을 판단하는 기본 원리'라고 설명하는 것

주역 동양에서 가장 오래된 유교 경전. 중국의 정통 사상인 자연철학과 실천윤리의 바탕이 되는 책

음양 우주 만물을 만들어 내는 대비되는 두 기운인 음과 양을 일컫는 말

 1 이 글의 종류는 무엇인가?

① 설명문   ② 소설

③ 논설문   ④ 독후감

⑤ 기행문

 2 글에서 주로 다루는 내용은 다음 중 무엇인가?

① 박영효의 조선국기

② 건곤감리의 의미

③ 태극기의 4괘와 색깔의 상징

④ 세계 여러 국기와 그 상징

⑤ 태극기의 역사와 의미

 3 각 나라의 국기가 상징하는 것을 글에서 찾아 빈칸에 쓰시오.

(1) 미국의 (   )를 상징하는 별이 그려진 국기는 성조기다.

(2) 터키 국기의 초승달과 별은 (   )를 상징한다.

(3) 스웨덴, 스위스, 핀란드 국기의 십자가는 (   )를 상징한다.

(4) 태극기의 바탕색과 태극 문양은 순수와 평화, (   )의 조화 등을 상징한다.

4 ㉮~㉺ 중 아래 문장이 들어가기에 알맞은 위치는 어디일까?

> 그러나 1997년 송명 시인의 끈질긴 추적 끝에 일본의 도쿄 도립 중앙도서관에
> 보관된 1882년 10월 2일 자 '시사신보'에서 그 모습을 확인할 수 있었습니다.

① ㉮   ② ㉯   ③ ㉰   ④ ㉱   ⑤ ㉲

 5 '태극기'로 이름이 정해진 이유를 글에서 찾아 쓰시오.

_____

_____

 6 글에 관한 설명 중 바른 것에는 ○, 바르지 않은 것에는 ×를 표시하시오.

(1) 태극기의 원래 이름은 '조선국기'로, 1919년에 만들어졌다.   (   )

(2) 박영효가 그려서 완성한 태극기 괘의 수는 8개였다.   (   )

(3) 태극 문양은 우리가 단군의 후손이며 단일민족임을 의미한다.   (   )

(4) 각 나라의 국기에는 그 나라의 문화, 역사, 정신이 담겨 있다.   (   )

7 태극기의 4괘의 이름을 빈칸에 바르게 쓰시오.

(1) _____

(2) _____

(3) _____

(4) _____

★★★
내용
파악하기 **8** 태극기 부위의 명칭과 그것이 상징하는 것을 연결하시오.

(1) 흰색 바탕　●　　　　　　　● (가) 음과 양의 변화한 모습

(2) 태극 문양　●　　　　　　　● (나) 음과 양의 조화

(3) 4괘　　　●　　　　　　　● (다) 불

(4) 건　　　●　　　　　　　● (라) 밝음, 순수, 평화

(5) 곤　　　●　　　　　　　● (마) 하늘

(6) 감　　　●　　　　　　　● (바) 땅

(7) 이　　　●　　　　　　　● (사) 물

● 일제강점기에 살았다면 나라의 독립을 위해 어떤 일을 했을까요?

1902년, 유관순은 충청남도 천안의 선비 집안에서 태어났다. 그 당시는 여성이 배우고 싶어도 학교에 다니지 못하고, 조혼이 유행했던 시기였다. 다행히도, 선비지만 ㉠깨어 있던 유관순의 아버지는 딸이 신학문을 배워 나라의 일꾼이 되기를 희망했다.

"조선이 일본의 침략을 받은 것은 힘이 약해서이다. 이제부터라도 신학문을 배우고 서양 문물을 받아들여야 한다. 비록 너는 여자지만 새로운 학문을 배워 나라의 일꾼이 되어라."

1916년, 아버지의 말을 좇아 열다섯 살에 이화학당에 입학한 유관순은 방학이 되면 고향으로 내려가 한글을 가르쳤다. 일본 관리들은 한글 교육을 통해 사람들의 민족의식이 고취되고 독립을 희망할까 두려워 교육을 방해했지만, 유관순은 모든 ㉡난관을 극복하고 고향 사람들에게 한글을 가르쳤다.

1919년 3월 1일, 일제의 총칼 아래 신음하던 우리 겨레는 마침내 독립 만세 운동을 ㉢펼쳤다. 서울 탑골공원에서 시작된 독립의 함성은 전국으로 힘차게 퍼졌고, 유관순도 친구들과 함께 시위에 참여하였다.

"대한 독립 만세!"

일본 경찰과 군인들은 아무런 무장도 하지 않고 평화적으로 시위에 참여한 사람들을 몽둥이로 때리거나 칼로 찔렀으며 심지어 총을 쏘기도 했다. 하지만 독립운동의 함성은 수그러들지 않았다.

1919년 3월 10일, 이화학당의 교사와 학생들이 독립운동에 적극적으로 참여하고 있음을 알아차린 일제는 학교를 강제로 ㉣폐쇄하였다. 이 조치로 인해 기숙사도 문을 닫게 되어, 갈 곳이 없어진 학생들은 뿔뿔이 흩어졌다.

고향으로 내려온 유관순은 일제의 눈을 피해 독립 만세 운동을 할 계획을 세웠다. 먼저 비슷한 나이의 친척들과 함께 동료를 모으고, 매일 여러 동네를 찾아다니며 독립운동에 참여할 것을 부탁했다. 유관순은 밥 먹을 시간마저 아껴서 사람들에게 참여를 부탁하러 다녔고, 집에 돌아와서는 만세 운동 때 흔들 태극기를 밤새 그렸다.

마침내 계획한 독립 만세 운동의 날이 하루 앞으로 다가왔다. 주위가 어두워지자 유관순은 준비한 홰를 들고 매봉으로 올라갔다. 유관순이 불을 붙인 홰를 높이 들자, 매봉 주위의 산봉우리에서 횃불이 반짝거리기 시작했다. 이 횃불은 내일 아우내 장터에서 독립 만세 운동을 하자는 비밀 신호였다.

다음 날 아침이 되자 많은 사람이 아우내 장터로 모여들었다. 모두 만세 운동에 참여하기 위해 온 사람들이었다.

마침내 약속한 시각이 되자 유관순은 크게 소리쳤다.

대한 독립 만세!

만세~!

"여러분! 이제 일제에 빼앗긴 나라를 되찾을 때가 되었습니다. 우리는 일본의 백성이 아닙니다. 지금 조선 팔도 모든 곳에서 들고 일어나 독립을 외치고 있습니다. 우리 함께 만세를 부릅시다. 대한 독립 만세!"

멀리멀리 퍼져 나가는 만세 소리에 깜짝 놀란 일본 경찰은 만세를 외치는 사람들을 체포하고 심지어는 총까지 쏘았다. 이 과정에서 유관순의 아버지, 어머니를 포함해 많은 사람이 죽음을 맞이하였다.

이 만세 운동의 주동자가 유관순임을 알아낸 일본 경찰은 유관순을 찾기 위해 온 마을을 뒤졌고, 유관순은 결국 체포되었다. 모진 고문을 당한 후에 일본 법으로 재판을 받아 3년간 감옥에 갇혀야 한다는 판결을 받았지만, 유관순은 감옥 안에서도 조선 독립에 대한 신념을 굽히지 않았다.

1920년 9월 28일, 감옥에서 당한 모진 고문의 후유증 때문에 유관순은 안타깝게 숨을 거두었다. 어린 나이였지만 나라의 일꾼이 되기 위해 신학문을 배우고 조국의 독립을 열망했던 유관순은 지금도 우리의 가슴속에 살아 있다.

単어 뜻 보기

조혼 어린 나이에 일찍 결혼함
신학문 근대에 서양에서 들어온 새로운 학문을 이르는 말
좇아 남의 말이나 뜻을 따라 ⟨원⟩ 좇다
고취 사상을 불어넣고 용기를 북돋워 일으킴
일제 19세기 말에서 20세기 중반까지 다른 국가로 확대하려고 했던 일본의 정치, 경제적 체제
겨레 혈통상 가까운 민족
시위 같은 요구와 뜻을 이루기 위해 많은 사람이 공개적인 장소에 모여 주장을 펴는 행위
홰 화롯불을 놓는 데 쓰는 물건. 싸리, 갈대 등을 묶어 불을 붙여서 밤길을 밝히거나 제사 지낼 때 씀
주동자 어떤 일이나 계획의 주체가 되는 사람
후유증 어떤 일을 치르고 난 후 겪는 부작용

★★
글의 갈래 알기 1 이 글의 종류가 무엇인지 고르시오.

① 생활문 ② 설명문 ③ 전기
④ 논설문 ⑤ 기행문

2 이 글의 내용은 어떻게 전개되는가?

① 일제강점기에 조선에서 일어난 여러 독립운동을 소개한다.

② 시간의 흐름에 따라 유관순이 한 일 중심으로 전개된다.

③ 유관순이 독립운동에 뛰어든 이유를 자세히 설명한다.

④ 유관순과 다른 여성 독립운동가들의 업적을 비교한다.

⑤ 1900년대 초 조선에서 행해진 여성 교육을 설명한다.

3 밑줄 친 ㉠과 같은 의미의 '깨다'가 사용된 문장은 무엇인가?

① 방에서 공을 갖고 놀다가 실수로 유리창을 깼다.

② 이제 남자는 울면 안 된다는 고정관념을 깨야 한다.

③ 알을 깨고 나온 병아리들은 활기차게 닭장 안을 돌아다녔다.

④ 그녀는 기존 피겨 스케이팅 기록을 깨고 신기록을 세웠다.

⑤ 어차피 깰 약속이라면 아예 하지 마.

4 아래 주어진 질문에 답하시오.

(1) 다음 중 밑줄 친 ㉡난관 대신 쓸 수 있는 것은 무엇인가?

    ① 운동   ② 신호   ③ 참여

    ④ 어려움   ⑤ 편안함

(2) 다음 중 밑줄 친 ㉢펼쳤다 대신 쓸 수 있는 것은 무엇인가?

    ① 실시했다   ② 모았다   ③ 참가했다

    ④ 포기했다   ⑤ 부탁했다

(3) 다음 중 밑줄 친 ㉣폐쇄하였다 대신 쓸 수 있는 것은 무엇인가?

    ① 개방하였다   ② 깨뜨렸다   ③ 계속하였다

    ④ 방문하였다   ⑤ 문을 닫았다

**내용
파악하기 ★★★ (5)** 유관순이 고향에서 한 일로 바르지 <u>않은</u> 것은 무엇인가?

① 글자를 모르는 고향 사람들에게 한글을 가르쳤다.

② 3월 1일 탑골공원의 독립 만세 운동을 주도했다.

③ 일본의 눈을 피해 독립 만세 운동을 계획했다.

④ 독립 만세 운동 때 사용할 태극기를 밤새 그렸다.

⑤ 친척들과 함께 독립 만세 운동을 할 동료를 모았다.

**내용
파악하기 ★★★ (6)** 글에 관한 내용 중 바른 것에는 ○, 바르지 <u>않은</u> 것에는 ×를 표시하시오.

(1) 유관순은 아버지의 뜻을 꺾고 이화학당에 입학하였다. ( )

(2) 모진 고문에 지쳐 유관순은 조선 독립의 신념을 꺾었다. ( )

(3) 이화학당의 교사, 학생들은 독립 만세 운동에 적극적이었다. ( )

(4) 유관순은 고향에 가서는 독립운동에 열심히 참여하지 않았다. ( )

(5) 아우내 장터에서 일어난 독립 만세 운동 때 유관순의 부모가 죽었다. ( )

**요약
하기 ★★★ (7)** 유관순에게 일어난 중요한 사건을 요약하려고 한다. 빈칸에 들어갈 내용을 아래에서 찾아 기호를 쓰시오.

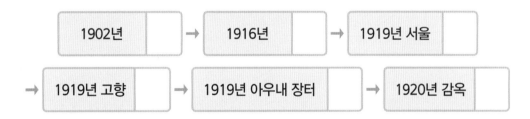

1902년 □ → 1916년 □ → 1919년 서울 □

→ 1919년 고향 □ → 1919년 아우내 장터 □ → 1920년 감옥 □

㉠ 모인 사람들과 독립 만세를 외침

㉡ 충청남도 천안에서 태어남

㉢ 체포되어 감옥에 갇히고, 열아홉 살에 숨을 거둠

㉣ 탑골공원에서 열린 독립 만세 운동에 참여함

㉤ 독립 만세 운동을 계획하고 동료를 모음

㉥ 열다섯 살에 이화학당에 입학함

5과 과학과 환경

과학이란 자연 현상의 원리나 법칙을 밝혀내는 것을 목적으로 하는 학문으로, 그 분야는 매우 넓습니다. 과학에 관련된 글을 읽고, 과학의 발달이 우리의 삶에 어떠한 영향을 끼치고 있는지 생각해 봅시다.

목표 다음 독해 기술을 이용해 봅시다.

- ☑ **낱말 이해하기**
- ☑ **내용 파악하기**
- ☑ **주제 이해하기**
- ☑ **문단 이해하기**
- ☑ **글의 갈래 알기**
- ☑ **글의 구성 알기**
- ☑ **요약하기**
- ○ **추론하기**
- ☑ **적용 및 문제 해결하기**
- ☑ **감상하기**

아이고, 고마워~

교과서 연계
- [5학년 1학기] 국어 8단원 '아는 것과 새롭게 안 것'
- [5학년 2학기] 국어 4단원 '겪은 일을 써요'
- [5학년 2학기] 과학 5단원 '산과 염기'
- [6학년] 실과 '로봇' 단원
- [6학년 2학기] 국어 5단원 '글에 담긴 생각과 비교해요'
- [6학년 2학기] 과학 4단원 '우리 몸의 구조와 기능'
- [6학년 2학기] 사회 4단원 '변화하는 세계 속의 우리'

우리 몸의 기관과 부위는 각각 맡은 바 역할이 있습니다. 마찬가지로, 식물의 여러 부위도 수행하는 기능이 있지요. 각 부위가 맡은 기능을 〈보기〉에서 찾아 기호를 쓰시오.

1 식물 (1) 뿌리의 기능 (2) 줄기의 기능 (3) 잎의 기능

_____   _____   _____

〈보기〉

㉠ 물과 양분을 흡수한다. ㉡ 뿌리와 함께 몸을 지탱한다.

㉢ 물과 양분의 이동 통로가 된다. ㉣ 몸이 쓰러지지 않게 지탱한다.

㉤ 빛을 흡수하여 광합성을 한다. ㉥ 빨아들인 양분을 저장한다.

㉦ 가지를 내어 잎과 꽃이 피게 한다.

2 사람 (1) 눈의 기능 (2) 코의 기능 (3) 입의 기능

_____   _____   _____

〈보기〉

㉠ 음식물을 잘게 씹고 침을 섞는다.

㉡ 빛을 느끼고 그 정보를 뇌로 전달한다.

㉢ 냄새 물질을 받아들여 그 자극을 뇌에 전달한다.

㉣ 이와 혀로 음식의 맛을 느낀다.

마지막이야!
고생했어~

01

● 관찰 일기를 써 본 적 있나요?

지난주 과학 시간에 식물의 뿌리는 줄기와 함께 식물을 지탱할 뿐 아니라 영양분과 물을 흡수, 저장한다는 것을 배웠다. 학교에서 배운 내용을 직접 확인하고 싶어서 집에서도 실험한 후 관찰 일기를 쓰려고 한다.

6월 10일 화요일. 맑음 (오후 3시)

뿌리의 흡수 기능을 알아보기 위해서 양파 뿌리로 실험했다. 양파 한 개는 뿌리를 자르고 다른 한 개는 뿌리를 그대로 두었다. 그리고 크기가 같은 컵에 같은 양의 물을 담고, 양파 밑부분이 물에 잠기게 하여 햇빛이 잘 드는 곳에 놓아두었다. 3일 뒤에 각 컵에 들어 있는 물이 양의 어떻게 변할지 관찰할 예정이다.

6월 13일 금요일. 맑음 (오후 3시)

두 개의 컵 안에 든 물의 양을 비교했다. 뿌리가 있는 양파가 든 컵 안의 물은 많이 줄어 있었고, 뿌리가 없는 양파가 든 컵 안의 물은 조금 준 상태였다. 실험 전에는 물의 양이 크게 차이가 날까 궁금했었는데, 실험 결과 눈에 띄게 큰 차이를 보였다. 이 실험을 통해 물의 양이 변한 까닭은 양파 뿌리가 물을 흡수하기 때문이라는 사실을 확인하였다. 즉, 식물 뿌리는 땅에서 양분을 흡수하고 식물을 지탱하는 기능 외에도 물을 흡수하는 기능을 한다는 것을 알 수 있었다.

– 뿌리를 제거한 양파 –   – 뿌리를 그대로 둔 양파 –

6월 16일 월요일. 흐림 (오후 3시)

오늘은 여러 식물의 뿌리 형태를 비교했다. 민들레 뿌리와 파 뿌리, 고구마 뿌리를 관찰했는데, 민들레는 가운데의 큰 뿌리 옆으로 가는 뿌리가 많이 달려 있었다. 파는 민들레와 달리 가운데 큰 뿌리가 없고 붓털처럼 뿌리가 사방으로 뻗어 있었다. 고구마 뿌리는 럭비공 모양으로 통통하고 세로로 길었다.

이렇게 관찰 일기를 쓰면서 학교에서 배운 내용을 직접 실험하고 확인하니까 식물의 세계가 더 재미있게 느껴졌다.

★
**글의
갈래 알기** **1** 이 글의 종류는 무엇인가?

_____

★★
**주제
이해하기** **2** 이 글을 쓴 목적은 무엇인가?

식물 ☐☐ 의 ☐☐ 과 ☐☐ 를 확인하려고

★★
**내용
파악하기** **3** 식물 뿌리에 관한 설명으로 바른 것에는 O, 바르지 <u>않은</u> 것에는 ×를 표시하시오.

(1) 뿌리는 물을 흡수하는 기능을 한다. ( )

(2) 뿌리는 양분을 저장하는 기능을 한다. ( )

(3) 뿌리는 줄기와 함께 식물을 지탱한다. ( )

(4) 식물의 뿌리 모양은 모두 비슷하다. ( )

★★
**내용
파악하기** **4** 아래 사진이 각각 어떤 식물의 뿌리인지 해당하는 식물의 이름을 쓰시오.

(1)  (2)  (3)

_____ _____ _____

02

● 운동선수의 신발에도 과학 원리가 숨어 있다는 사실을 알고 있나요?

스포츠 곳곳에도 과학 기술이 숨겨져 있다. 운동선수들의 옷과 신발에 담긴 과학 기술에 관해 알아보자.

과학 기술은 많은 스포츠 종목에서 선수들의 경기 실력과 기록을 높이는 데 활용된다. 0.01초 차이로 승부가 나는 육상 경기에서는 선수들이 종목에 따라 각기 다른 운동화를 착용한다. 마라톤 선수들은 먼 거리를 달려야 하므로 최대한 가볍고 발에 미치는 충격을 최소화할 수 있도록 설계한 운동화를 신는다. 하지만 단거리 선수들은 짧은 시간 안에 운동 능력을 극도로 끌어올려야 하므로 최대한 땅과 운동화가 닿는 시간을 줄이기 위해 밑바닥이 가볍지만 단단한 플라스틱 소재로 만든 운동화를 신는다. 특히 철로 된 뾰족한 '징'을 운동화 앞부분에 집중적으로 박아, 달릴 때 탄력을 주도록 돕는다. 같은 육상이라 하더라도 종목에 따라 운동화에 적용되는 과학 기술이 달라짐을 알 수 있다.

또한 과학 기술은 선수들을 보호하고 승패를 정확히 ⓣ가리기 위해서도 활용된다. 검을 가진 두 경기자가 규칙에 따라 상대 선수의 신체를 찌르거나 베서 득점을 내는 펜싱에서는 선수들의 옷을 '케블라'라는 가볍고 튼튼한 소재로 만든다. ⓛ이것은 방탄 조끼나 헬멧에 많이 사용되는 소재로, 약 163kg의 힘을 받아도 견딜 수 있다. 얼굴에 쓰는 마스크는 스테인리스 강철로 세밀하게 짜여 있어, 날카로운 칼날로부터 선수의 얼굴과 목을 보호한다. 그리고 펜싱 경기에서는 선수들이 휘두르는 검의 속도가 빨라서 누가 먼저 찔렸는지 파악하기 힘들기 때문에, 검과 경기복이 닿는 순간 점수가 매겨지도록 선수들 옷 뒤에 센서를 단다. 상대편의 신체를 찌르면 센서가 이를 감지하여 전기 신호를 보내는데, 이로 인해 누구의 공격이 먼저 성공했는지 알 수 있다.

이처럼 과학 기술은 스포츠 분야에서 다양하게 활용되고 있지만, 2012년 런던 올림픽 수영 종목에서는 오히려 첨단 소재를 사용해 계속 진화하고 있던 전신 수영복 착용을 금지했다. 이러한 전신 수영복이 선수들의 기록을 높이는 데 도움이 되지만, 선수들이 갈고닦은 기량이 아닌 수영복에 들어간 과학 기술에 더 의존하게 된다는 이유에서였다. 수영복의 예에서 알 수 있듯이 발전하는 과학 기술을 스포츠에 어디까지 적용할 것인지에 관해 더 깊은 논의가 필요하다.

단어 뜻 보기 ▸ **탄력** 힘이 넘치고 생기가 있거나 팽팽하게 버티는 능력
세밀하게 자세하고 꼼꼼하게 웬 세밀하다
기량 기술적인 솜씨와 능력

1 스포츠 분야에서의 과학 기술의 역할 <u>두 가지</u>를 글에서 찾아 쓰시오.

1. _____

_____

2. _____

_____

 2 글에 사용된 ㉠가리기의 뜻을 아래 표에서 찾아 빈칸에 O를 표시하시오.

여럿 가운데서 어느 쪽인지 따져 밝히다.	
낯선 사람을 대하기 싫어하다.	
똥오줌을 눌 곳에 누다.	
음식을 골라서 먹다.	
자기 일을 알아서 스스로 처리하다.	

3 밑줄 친 ㉡이것이 가리키는 것을 글에서 찾아 쓰시오.

_____

4 글의 내용으로 바르지 <u>않은</u> 것은 무엇인가?

① 다양한 스포츠 분야에 과학 기술이 활용된다.

② 육상 선수들은 종목에 따라 다른 운동화를 착용한다.

③ 펜싱 선수들은 가볍고 튼튼한 특수 소재의 옷을 입는다.

④ 펜싱 선수들의 옷에는 찌름을 감지하는 센서가 부착되어 있다.

⑤ 과거 올림픽에서는 수영 기록을 높이기 위해 전신 수영복을 허용했다.

03

● 주변에서 로봇을 본 적 있나요?

로봇은 프로그램이나 명령에 반응하여 행동을 실행하는 기계이다. 대개 인간의 모습을 닮은 로봇을 만들려고 하지만 필요에 따라 곤충이나 동물의 형태로 만들기도 한다. 최근에는 이러한 로봇이 인공지능과 결합하여 과거에 할 수 없었던 다양한 영역에 도전하고 있다. 이처럼 점점 발전하며 우리의 삶 속으로 들어오고 있는 로봇의 활동 분야는 크게 다음과 같이 분류할 수 있다.

첫째, 일상생활 속 로봇이 있다. 프로그램된 지시에 반응하는 식기 세척기, 세탁기, 건조기, 냉장고 등이 모두 로봇에 포함된다. 아기가 너무 많이 울거나 뒤척이면 자동으로 흔들리는 아기용 요람, 침입자를 감지하면 자동으로 경비회사에 연락하는 경비 장치, 집에 있는 환자의 체온과 맥박을 측정하여 이상 반응이 있을 때 병원에 연락하는 감지기도 모두 로봇이다.

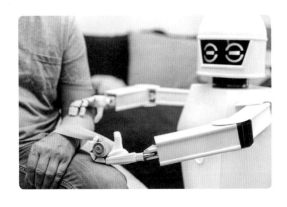

둘째, 의료 분야 로봇이 있다. 21세기에 들어서 로봇은 꾸준히 수술에 사용되었다. 외과의는 로봇에 부착된 카메라와 팔을 이용해 수술을 할 수 있다. 또한 컴퓨터로 환자의 상태를 관찰하면서 아주 정확한 양의 마취액을 투여할 수 있다. 또 병원용 이송 로봇은 병원 곳곳에 음식, 붕대, 약 등을 나르도록 프로그램되어 사용되고 있다.

셋째, 과학 탐사 분야 로봇이 있다. 과거에는 깊은 바다를 탐험할 때 유인 잠수정이나 아주 초보적인 무인 잠수정을 사용했지만, 최근에는 로봇 잠수정을 사용하여 유인 잠수정과 거의 동일한 수준의 탐사 활동을 할 수 있게 되었다. 이외에도 화산을 탐험하는 화산 탐사 로봇, 우주에서 활동하는 우주 탐사 로봇이 있다.

넷째, 군사 분야 로봇이 있다. 가장 흔한 군사용 로봇은 '탤론'이라는 소형 로봇이다. 소형 탱크처럼 생긴 이 로봇은 부착된 카메라와 집게가 달린 팔을 이용해 화학 물질이나 방사능 감지, 적진의 사진 촬영, 폭발물과 같은 위험물을 제거하는 임무를 수행한다. 또 '다시'라는 이름의 로봇은 네 발로 이동하며 엑스선을 이용해 폭탄 위치를 탐지한다.

단어 뜻 보기
감지하면 (물체의 존재나 활동을) 느끼어 알면 ⑩ 감지하다
이송 다른 곳으로 옮겨 보내는 것
적진 적이 모인 진영 또는 진지
탐지 감추어졌거나 드러나지 않은 사실이나 사물 따위를 더듬어 살펴 알아냄

투여 환자에게 약을 주사함
유인 잠수정 사람이 타고 운행하는 잠수함

1 무엇에 관해 중점적으로 설명하는 글인가?

① 로봇의 형태

② 로봇이 가져올 문제점

③ 로봇의 활약 분야

④ 로봇의 필요성

⑤ 군사용 로봇의 예

 2 로봇에 관한 설명 중 바르지 <u>않은</u> 것을 고르시오.

① 로봇은 프로그램에 반응하여 작동하는 기계이다.

② 인간을 닮은 모습의 로봇만 개발되고 있다.

③ 바닷속, 화산, 우주를 탐사할 때 로봇을 쓴다.

④ 로봇은 의료 분야에서도 사용되고 있다.

⑤ 세탁기, 냉장고, 건조기도 로봇에 포함된다.

 3 이런 종류의 글을 무엇이라고 하는가?

① 설화   ② 논설문

③ 기행문   ④ 설명문

⑤ 일기

 4 글의 내용을 전개한 방법으로 가장 알맞은 것은 무엇인가?

① 로봇의 발전 양상을 시간 흐름에 따라 설명하였다.

② 로봇 개발로 발생한 문제점을 나열하여 설명하였다.

③ 의학용 로봇이 발전하게 된 원인을 설명하였다.

④ 다양한 로봇들의 공통점과 차이점을 설명하였다.

⑤ 로봇이 쓰이는 분야를 예와 함께 설명하였다.

문단 이해하기 5 아래 제시된 표를 알맞게 채우시오.

분류 기준: (㉮)	일상생활 속 로봇
	(㉯) 로봇
	(㉰) 로봇
	(㉱) 로봇

(1) 다음 중 ㉮에 들어갈 분류 기준으로 알맞은 것은 무엇인가?

① 로봇의 발달   ② 로봇의 활동 분야

③ 로봇 잠수정   ④ 로봇이 일으키는 피해

⑤ 로봇의 장점

(2) ㉯, ㉰, ㉱에 들어갈 알맞은 내용을 글에서 찾아 쓰시오.

㉯: _____

㉰: _____

㉱: _____

04

● 세종과학기지가 어디에 있는지 알고 있나요?

저는 세종과학기지에서 일하고 있는 박민 연구원입니다. 지금부터 우리나라 남극 연구의 역사와 그 중요성, 그리고 세종과학기지의 역할에 관해 말씀드리고자 합니다. 우리나라의 남극 연구 역사는 다음과 같습니다.

- 1985년 남극 최초 탐험
- 1994년 1월 11일 남극점 도착
- 1988년 세종과학기지 준공
- 2014년 2월 12일 장보고과학기지 준공

세종과학기지는 킹 조지 섬 남서쪽에 위치한 우리나라 최초의 남극 연구소입니다. 세종과학기지에 가려면 남아메리카 최남단에 있는 나라인 칠레의 뿐따 아레나스까지 총 30시간을 비행기로 이동해야 합니다. 또 이곳에서 킹 조지 섬까지 다시 1,200km를 비행기나 배로 이동해야 하죠. 왜 이렇게 멀리 떨어진 남극까지 가서 연구를 할까요?

남극은 대표적으로 기후 연구, 우주 탐사, 고생물 및 지질 연구 분야에서 매우 중요한 가치를 지닙니다. 지구의 기후 변화를 연구할 때 남극 대륙 빙하 속 공기 방울은 매우 중요한 연구 자료입니다. 남극의 빙하에는 수십만 년 전의 공기가 얼음 사이에 공기 방울 형태로 존재하는데, 최근에 행해진 얼음 속에 있는 공기 방울 연구를 통해 지구에 커다란 기후 변화가 네 번 있었다는 사실이 밝혀지기도 했습니다. 이외에도 빙하에 들어 있는 먼지를 조사하여 과거 지구의 화산 폭발과 풍속 변화를 연구하기도 합니다.

우주 탐사 분야에서도 남극은 매우 중요한 곳입니다. 각종 전자기기의 외부 간섭이 거의 없는 특성 때문에 미국의 천문학자와 물리학자들은 우주 연구시설을 남극에 건설했습니다.

고생물 및 지질 분야에서도 남극은 중요한 가치를 지니고 있습니다. 2억 년 전 양치식물 화석을 비롯해 파충류 화석과 민물고기 화석이 발견되는 등 남극에는 고생물 연구에 매우 중요한 자료가 모여 있습니다. 또한 남극 대륙에는 세계적 규모의 구리 및 금속 광산, 수백억 톤의 철광석과 석유 등 현대 문명을 유지하는 데 필요한 지하자원이 존재하는 것으로 추정되고 있습니다.

설립된 지 30년이 넘는 세종과학기지에서 일하는 연구자들은 귀중한 남극의 미래 자원을 연구, 확보하기 위해 노력하고 있습니다. 앞으로도 저희는 남극 대륙 본토에 있는 장보고과학기지의 연구자들과 함께 남극 연구에 더욱 힘을 쏟겠습니다.

단어 뜻 보기 준공 공사를 끝냄

남극점 지구의 가장 남쪽, 남위 90° 지점

고생물 지구의 탄생에서부터 역사 이전 시기인 지질 시대에 번성한 생물

지질 연구 지구를 구성하는 물질, 지각의 구조 등 지구의 역사를 밝히려는 연구

양치식물 포자로 번식하는 관다발식물

추정 미루어 생각하여 결정함

★★
내용 파악하기 1 남극이 중요한 가치를 지니는 세 분야를 글에서 찾아 쓰시오.

1. _____ 분야

2. _____ 분야

3. _____ 분야

★★★
내용 파악하기 2 세종과학기지에 관한 설명 중 바른 것에는 ○, 바르지 <u>않은</u> 것에는 ×를 표시하시오.

(1) 세종과학기지는 2014년에 준공되었다. ( )

(2) 세종과학기지는 남극 대륙 본토에 건설되었다. ( )

(3) 세종과학기지는 한국 최초의 남극 연구소이다. ( )

(4) 세종과학기지로 가려면 칠레에서 경유해야 한다. ( )

(5) 장보고과학기지와 함께 남극 연구에 중요한 곳이다. ( )

★★
내용 파악하기 3 다음 중 글을 읽고 알 수 <u>없는</u> 사실은 무엇인가?

① 세종과학기지의 위치　　　　② 남극의 계절별 기온

③ 장보고과학기지의 설립연도　　④ 세종과학기지로 가는 방법

⑤ 남극이 가지는 가치

4 지구의 기후 변화를 연구할 때 연구자들이 조사하는 자료로 언급된 <u>두 가지</u>를 쓰시오.

_____

5 남극의 중요성에 관한 설명 중 바르지 <u>않은</u> 것은 무엇인가?

① 남극에서 고생물 연구에 도움이 되는 화석이 발견되고 있다.

② 우주를 연구하고 탐사하는 데 매우 유리한 환경이다.

③ 구리, 금속, 철광석, 석유 등 지하자원의 매장량이 많다.

④ 과거 지구의 기후 변화와 화산 폭발에 관한 정보를 얻을 수 있다.

⑤ 풍부한 해산물과 채소가 있어 인류의 미래 먹거리를 책임질 수 있다.

6 글에서 알맞은 말을 찾아 빈칸을 채워 글을 요약하시오.

남극은 매우 중요한 가치를 지닌다. (   ) 분야에서 일하는 사람들은 남극의 (   ) 속 (   )과 (   )를 연구하여 지구의 과거 기후와 (   ) 활동, 풍속 변화에 관한 연구를 한다. 남극은 (   ) 분야에서도 중요하다. 각종 (   )의 외부 간섭이 거의 없기 때문에 이곳에 (   ) 연구시설이 건립되어 있다. 또한 (   ) 및 (   ) 분야에서도 남극은 매우 중요한 지역이다. 남극에서 발견된 각종 (   )을 통해 고생물 연구를 할 수 있고, 엄청나게 풍부한 여러 (   )이 남극 대륙에 묻혀 있기 때문이다. 이토록 중요한 남극의 미래 자원을 연구, 확보하기 위해 우리나라에서는 국내 (   ) 남극 연구소인 (   )를 킹조지 섬에, 그리고 장보고과학기지를 남극 대륙에 설립하였다.

05 ● 생태계 교란종 생물에는 어떤 것들이 있을까요?

부산항의 한 부두에서 붉은불개미가 발견되어 뉴스에 크게 보도된 적이 있었다. 나는 ㉠그것이 왜 그렇게 큰 문제인지 궁금해서 부모님께 여쭈어보았다.

"엄마, 아빠, 붉은불개미가 발견된 것이 그렇게 심각한 거예요?"

"붉은불개미는 남미가 원산인데, '살인 개미'라고 불릴 정도로 독성이 강해서 침에 쏘이면 엄청난 통증과 가려움, 발진을 일으키고, 심한 경우 쇼크까지 일으킨다고 하는구나. 더 큰 문제는 1930년대 남미에서 출발한 화물선을 타고 미국에 상륙한 이 개미가 미국 토종 개미의 3분의 2를 사라지게 해서 생태계를 교란했다고 하니 우리나라 생태계에도 큰 위협일 수 있겠어!" 엄마가 대답하셨다.

"붉은불개미가 우리나라 생태계에 퍼진다면 정말로 큰 문제가 되겠는데요? 우리나라에는 원래 없었던 종이라 우리 토종 곤충이 처음 보는 붉은불개미와 싸움이 붙으면 질 수도 있잖아요! 그런데 국내에 외국에서 들어온 동식물이 많나요?"

"몇 년 전에 아마존에서나 볼 수 있는 식인 물고기 피라냐가 강원도의 한 저수지에서 발견된 적이 있다고 들었어. 자연 상태에서 발견될 수 없는 만큼, 누군가 관상용으로 들여와 기르다 버린 것 같다고 하더구나. 그때도 이렇게 실수로 버려진 외래종 동식물이 우리나라 생태계를 위협한다는 이야기를 들은 적이 있었는데……." 하고 아빠가 대답하셨다.

"이런 외래 동식물이 생각보다 많은가 봐요! 어떤 동식물이 있는지 조사해 봐야겠어요." 하고 대답하고 나는 바로 인터넷으로 검색하였다. '외래 동식물'로 검색하니 "생태계 교란", "생태계 위협", "외래 동식물 퇴치 사업", "생태계 파괴의 주범", "XX 포상금 지급" 등의 관련 검색 문구가 여러 개 나왔다. 생태계를 교란하는 주요 외래종 동식물로는 뉴트리아, 황소개구리, 큰입배스, 꽃매미, 돼지풀, 가시박 등이 있다고

뉴트리아

나왔다. 국제 교류와 무역이 늘어나고, 애완용으로 키우려고 외래종 동식물을 국내로 많이 반입해서 생태계 교란 가능성이 커지고 있다는 기사도 있었다.

붉은불개미 발견에 관한 뉴스 덕분에 나는 우리나라 생태계를 위협하는 외래종 동식물이 매우 많고, 그러한 동식물 일부가 현재 심각한 문제를 일으키고 있다는 것을 알게 되었다. 지금이라도 외래종 동식물로 인한 생태계 파괴 상황을 철저하게 조사하고 빨리 적절한 대책을 세워야 할 것이다.

황소개구리

단어 뜻 보기 교란 마음이나 상황 따위를 뒤흔들어서 어지럽고 혼란하게 함
외래종 일반적으로 한 지역에서 원래 살던 생물이 아니라 외국에서 들어온 생물을 가리킴
반입 다른 곳에서 운반되어 들어옴

★
내용
파악하기 **1** 밑줄 친 ㉠그것이 가리키는 내용을 쓰시오.

★★★
내용
파악하기 **2** 다음 중 글을 읽고 알 수 없는 사실을 고르시오.

① 붉은불개미가 일으키는 피해

② 한국에서 붉은불개미가 발견된 장소

③ 피라냐 등 외래종 동식물의 국내 반입 이유

④ 국내 생태계를 교란하는 외래종 동식물의 종류

⑤ 붉은불개미 독성의 의학적 활용

★★
주제
이해하기 **3** 글에서 주로 다루는 내용이 무엇인지 알맞은 말로 빈칸을 채우시오.

우리 ☐ ☐ ☐ 를 위협하는 ☐ ☐ ☐ 동식물

★
감상
하기 **4** 외래종 동식물에 대한 글쓴이의 태도는 어떠한가?

① 국내에 들어온 외래종 동식물의 종류가 적다고 생각한다.

② 외래종 동식물 수입에 대해 긍정적으로 보고 있다.

③ 확산을 막을 대책 마련이 시급하다고 생각하고 있다.

④ 국내 유입과 확산이 큰 문제가 아니라고 생각하고 있다.

⑤ 요리 재료로 쓸 수 있는 동식물만 수입해야 한다고 생각한다.

06

● 우리 몸에는 어떤 감각 기관이 있을까요?

　지금 피자 가게에 들어갔다고 상상해 봅시다. 가게 안에 떠도는 고소한 피자 냄새를 맡게 되겠죠. 주문한 피자가 나오면 먼저 그 모양을 보고, 먹으면서 맛을 느끼게 될 것입니다. 이렇게 보고, 냄새 맡고, 듣고, 자극을 느끼는 기관을 감각 기관이라고 합니다. 우리 몸에는 여러 감각 기관이 있는데, 지금부터 하나씩 살펴보겠습니다.

　눈은 물체의 밝기, 모양, 색을 알게 하는 기관으로 각막, 동공, 홍채, 수정체, 시신경 등으로 구성됩니다. 수정체는 빛이 통과할 때 빛을 모아서 망막에 상이 맺히게 하여 물체를 인식합니다. 이 상을 시각 세포가 받아들여서 시신경을 통해 뇌에 보내면 우리가 사물을 '보게' 되는 것이죠.

　코는 숨을 쉬는 기능과 함께 냄새를 맡는 기능을 합니다. 콧속에 있는 점막은 공기를 축축하고 깨끗하게 유지하지요. 콧속에는 500만 개가 넘는 후세포가 있는데, 냄새 분자가 콧속으로 들어오면 후세포가 자극되어 후각 신경을 통해 뇌로 전달되고 냄새를 인식하게 됩니다.

　소리를 들을 수 있는 것은 귀 덕분입니다. 귀는 크게 외이, 중이, 내이 세 부분으로 구성되어 있는데, 소리를 고막으로 전달합니다. 고막은 공기의 진동을 받아들여 청소골이라는 곳으로 보내 소리를 크게 만든 뒤, 내이로 전달하여 달팽이관 안에 있는 청세포와 청신경을 통해 이 소리를 뇌로 전달합니다. 귀는 소리를 듣는 것 외에도 몸의 균형을 잡는 기능도 합니다. 귀 안에 있는 반고리관과 전정기관은 머리의 수평 및 몸의 회전 움직임을 감지하고 뇌에 전달하여 몸이 중심을 잃지 않도록 합니다.

　혀는 8천 개가 넘는 미세포인 미뢰를 이용하여 우리에게 맛을 느끼게 합니다. 이 미세포가 느끼는 자극을 미신경을 따라 뇌로 전달하면 우리는 맛을 느끼게 되죠. 혀는 맛을 느끼게 할 뿐 아니라 침과 음식을 잘 섞이게 해서 소화를 돕습니다.

　피부도 감각 기관입니다. 피부에는 감각점이 있어서 아픔, 눌림, 간지러움, 차가움, 따뜻함 등 외부 자극을 느낄 수 있습니다. 이러한 수많은 감각점은 과도한 자극이 있을 때 이를 알고 피하게 하는 방식으로 우리 몸을 보호합니다.

　이처럼 우리 몸은 여러 감각 기관이 서로 연결되어 기능하고 있습니다. 이 중 하나라도 문제가 생기면 우리는 제대로 느낄 수 없고 큰 어려움에 부닥칠 수도 있겠죠?

──────

단어 뜻 보기　망막 안구 안쪽에 위치하며 들어오는 빛의 자극을 수용하는 투명한 신경조직
　　　　　　상 눈에 보이는 물체의 형태

1 아래 주어진 뜻에 해당하는 말을 글에서 찾아 쓰시오.

[뜻] 주변에서 전달된 자극을 느끼고 받아들이는 기관

1과 2과 3과 4과 5과

 2 글에서 감각 기관으로 소개된 것을 모두 쓰시오.

3 글에 관한 설명 중 바른 것에는 ○, 바르지 않은 것에는 ×를 표시하시오.

(1) 혀에서 맛을 느끼게 하는 세포 이름은 미뢰이다. ( )

(2) 내이에 전달된 소리는 고막으로 이동, 청신경을 통해 뇌로 간다. ( )

(3) 코는 8천 개 정도 되는 후세포를 이용하여 냄새를 인식한다. ( )

(4) 통과하는 빛을 모아 망막에 상을 맺히게 하는 것은 홍채이다. ( )

(5) 피부의 감각점으로 온도, 눌림, 통증 등을 느낄 수 있다. ( )

(6) 귀의 기능은 전달되는 소리 자극을 인식하는 것뿐이다. ( )

4 이 글의 내용은 어떻게 전개되고 있는가?

① 사람의 감각 기관의 종류를 나열하여 설명하고 있다.

② 감각 기관에 문제가 생기면 안 되는 이유를 말하고 있다.

③ 외이, 중이, 내이가 하는 역할이 어떻게 다른지 비교하고 있다.

④ 사람이 눈으로 보게 되는 과정을 순차적으로 소개하고 있다.

⑤ 사람 몸의 감각 기관의 진화를 시간 순서에 따라 설명하고 있다.

● 호수의 산성화를 막기 위한 방법을 생각해 봅시다.

마을 이장　오늘은 지난주 청명 호수에서 물고기가 떼죽음을 당한 사건에 대해 토의해
　　　　　볼까 합니다. 수질과학연구원 조사에 따르면 물고기가 대량으로 죽은 것은
　　　　　호숫물이 산성화되었기 때문이라고 합니다.

박 할머니　'호숫물이 산성화되었다'는 게 무슨 말인가요?

마을 이장　대기오염으로 만들어진 산성비와 공장에서 나온 폐수, 생활 하수 등에 포
　　　　　함된 여러 산성 물질이 호수로 흘러 들어가 호수의 수질이 산성으로 변한
　　　　　현상을 말합니다. 물이 산성화되면 물속 생태계가 파괴되죠. 물속에 사는
　　　　　작은 생물이 모두 죽고, 물속의 먹이 사슬이 무너져 더 큰 생물인 물고기도
　　　　　살 수 없게 됩니다.

김 할아버지　대체 왜 청명호의 호숫물이 산성화된 겁니까?

마을 이장　아무래도 지난 장마 때 인근 공장의 폐수가 흘러 들어간 것이 원인이 아닐
　　　　　까 싶습니다.

태경 아빠　그것도 있겠지만, 저는 산성비가 또 다른 원인인 것 같습니다. 인근에 신도
　　　　　시가 들어서면서 자동차 운행량이 많아졌잖아요? 이렇게 대량으로 발생한
　　　　　배기가스 속 온실가스가 비로 내리면서 물을 산성화한 것 같습니다.

지민 엄마　호수 산성화의 가장 큰 원인은 화학 비료와 농약 아닐까요? 우리 마을에
　　　　　서 고추 농사를 많이 하잖아요. 화학 비료와 농약을 너무 많이 사용해 흙
　　　　　이 산성화되고, 이 흙이 빗물에 호수로 흘러 들어가서 호수가 산성화된 것
　　　　　같아요.

마을 이장　원인은 그렇다 치고, 우리 마을의 자랑거리였던 청명 호수의 산성화 문제
　　　　　는 어떻게 해결할 수 있을까요?

진수 엄마　청명호 주변 공장들의 폐수 정화 실태를 구청에 의뢰하여 점검하고, 청명
　　　　　호로 유입되는 하천에 수질 감시 장비를 설치해야 합니다. 그래야 장마 때
　　　　　폐수를 방류하는 얌체 행위를 막을 수 있습니다.

태경 아빠　일단 산성화된 물에 염기성이 강한 수산화칼슘을 뿌려 산성화된 물을 중화
　　　　　해야 할 것 같습니다.

최 할머니　농약과 화학 비료 사용도 최대한 줄여야겠죠. 깨끗했던 우리 청명호를 다
　　　　　시 예전 모습으로 되돌리기 위해 온 마을이 농약과 화학 비료 사용을 줄이
　　　　　고 친환경적인 유기농법을 하는 건 어떨까요?

마을 이장　혹시 다른 의견은 없으십니까?

민수 아빠 신도시 주민들이 차량 2부제를 실시해야 한다고 생각합니다. 산성비의 원인이 차량에서 배출된 매연일 확률이 높으므로 차량의 운행을 통제해 배기가스를 줄여야 청명호의 산성화를 막을 수 있습니다.

마을 이장 청명호 주변 공장의 폐수 정화 실태를 점검하고 수질 감시 장비를 설치하자, 호수에 수산화칼슘을 뿌려 산성화된 호숫물을 중화하고 농약과 비료의 사용을 줄이자는 의견이 나왔습니다. 인근 신도시에 협조를 구해 차량 2부제를 시행하여 차량의 운행을 줄이자는 의견도 있었습니다. 청명호를 살리기 위해 소중한 의견을 제시해 주셔서 감사드리며, 이번 회의를 통해 나온 여러 의견을 구청에 전달하겠습니다.

단어 뜻 보기

배기가스 자동차의 연료를 태우는 과정에서 불필요해져서 배출되는 가스
정화 더러운 것을 깨끗하게 함
실태 있는 그대로의 상태
유입 액체나 기체, 열 등이 흘러 들어옴
방류하는 모아서 가두어 둔 물을 흘려보내는 ⑱ 방류하다
수산화칼슘 석회석이 원료인 화합물로, '소석회'라고도 함
중화 산과 염기가 만나 서로의 성질을 잃는 것
유기농법 화학 비료나 농약을 쓰지 않고 친환경적인 방식으로 비료를 주며 작물을 키우는 농사법

---

1 다음 중 토의의 주제는 무엇인가?

① 청명 호수 개발을 위한 의견
② 공장들의 불법 폐수 방류
③ 호숫물의 산성화와 해결 방법
④ 유기농 농사법의 장단점
⑤ 신도시 조성과 산성비와의 관계

낱말 이해하기 ★ 2 '호숫물 산성화'의 뜻을 글에서 찾아 쓰시오.

_____

_____

내용 파악하기 ★★ 3 청명 호수에서 발생한 사건에 관한 '원인과 결과'를 간단히 정리하려고 한다. ㉮~㉰에 들어갈 알맞은 내용을 써서 표를 완성하시오.

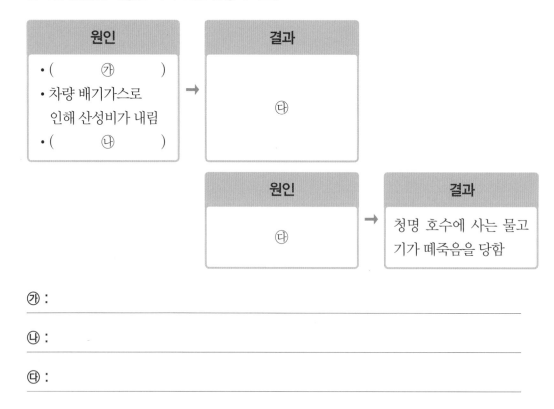

원인		결과
• (㉮) • 차량 배기가스로 인해 산성비가 내림 • (㉯)	→	㉰

원인		결과
㉰	→	청명 호수에 사는 물고기가 떼죽음을 당함

㉮ : _____

㉯ : _____

㉰ : _____

내용 파악하기 ★★ 4 호수의 산성화를 막기 위한 방법과 그 효과를 알맞게 짝지으시오.

(1) 물에 수산화칼슘 뿌리기 •   • (가) 차의 배기가스 감소

(2) 차량 2부제 실시하기 •   • (나) 흙의 산성화 방지

(3) 공장 폐수 정화 실태 점검하기 •   • (다) 산성화된 물 중화

(4) 유기농법 실시하기 •   • (라) 폐수 방류 금지

5 글의 정보를 바탕으로 〈보기〉의 상황을 알맞게 해결할 방법을 <u>모두</u> 고르시오.

〈보기〉 우리 마을 주민들은 주로 농사를 지으며 산다. 마을을 가로지르는 큰 강에서 물을 끌어와서 농업용수로 쓰고 있다. 그런데 이틀 전, 강에 사는 물고기가 떼로 죽은 모습이 발견되어 난리가 났다. 조사하니 강물이 산성화되어 물고기의 먹이가 되는 작은 생물이 많이 죽었고, 먹이가 부족해지자 물고기도 죽은 것이었다. 주민들은 이러다간 농사도 망치고, 나중에는 마을을 떠나야 하는 일이 발생할지도 모른다며 강물의 산성화 문제를 빨리 해결해야 한다고 걱정하고 있다.

㉠ 물을 중화시키기 위해 염기성이 강한 물질을 뿌린다.

㉡ 폐수를 강에 흘려보내지 못하게 강 주변의 공장을 다 철거한다.

㉢ 강의 수질을 개선할 수 있는 동식물을 조사해 외국에서 들여온다.

㉣ 농약 대신 지렁이나 오리를 이용해 친환경적으로 농사를 짓는다.

정답과 해설

어떻게 **읽을까**
무엇을 **읽을까**

어떻게 읽을까

낱말 이해하기

17쪽

> **1** (1) 상대에게 폐를 끼치지 않고 예의 바르게 행동하 는 것
> (2) 예절 (3) 실례, 결례

① 단어 뜻, 유의어 찾기 (1) 글의 첫 번째 문단에 '에티켓'이 란 낱말의 유래와 뜻이 설명되어 있습니다. 에티켓은 '상대에게 폐를 끼치지 않고 예의바르게 행동하는 것'을 뜻하는 말입니다.

(2) 두 번째 문단의 "다른 문화의 예절을 알아 둘 필요성 이 커지고 있습니다"라는 부분에서 에티켓과 뜻이 비슷 한 낱말이 '예절'임을 짐작할 수 있습니다.

(3) 세 번째 문단은 글로벌 에티켓을 상세하게 예를 들어 설명하고 있습니다. 그러면서 어느 나라 사람에게 어떤 일을 하거나 하지 않는 것은 '큰 실례'이고 '큰 결례'라고 합니다. 이에 따라 '예의범절에서 벗어나는 일을 함'이 라는 주어진 뜻에 해당하는 낱말은 '실례', '결례'일 것입 니다.

내용 파악하기

20~25쪽

> **1** (1) ㉠: 강릉 / ㉡: 오죽헌
> (2) 해설 참조 (3) 해설 참조
> **2** (1) 구의회 (2) ④
> **3** (1) ④ (2) ⑤
> (3) 해설 참조
> (4) ②, ④
> **4** (1) (1) ⑤ (2) ③
> (3) 해설 참조 (4) ②
> (5) ① ○ ② × ③ × ④ ○

① 가리키는 대상, 중요 정보 찾기 (1) 보통 가리키는 말의 대상 은 앞에 나옵니다. 밑줄 친 ㉠의 '거기'는 장소를 뜻하는

말이므로 그 앞에 나오는 '강릉'을 가리킨다는 것을 알 수 있습니다. 마찬가지로, ㉡의 '이곳' 또한 장소를 지칭하는 말입니다. '이곳' 앞에 나오는 장소는 '오죽헌'입니다.

(2) '누가, 어디서, 언제, 무엇을, 어떻게, 왜'에 해당하는 정보가 글 어디에 있는지 잘 살펴보세요.

누가	언제	어디서/무엇을
(우리 가족)은	(여름방학)을 맞아	(강릉)에 갔다. – (오죽헌) 방문, 물놀이

(3) 빈칸을 채우는 문제를 제대로 풀려면 글 전체에 흩어 져 있는 세부 정보를 재빨리, 정확하게 찾아낼 수 있어 야 합니다.

> (강릉)의 대표적인 유적지이자 보물 제(165호)인 오죽 헌은 15세기 후반에 지어졌고, 우리나라에 남아 있는 가장 오래된 (주택)이다. 율곡 (이이)가 태어난 집으로 도 유명한 이곳의 이름 '오죽헌'은 (검은) (대나무)가 집 주위를 둘러싸고 있다고 하여 지어졌다.

② 세부 정보 확인하기 (1) 글의 둘째 문장에 "구의회는 기 초자치단체인 구의 의결 기관으로, 구민들이 선거로 뽑 은 구의원들로 구성된다."라고 나옵니다.

(2) 구의회의 역할로 글에 나온 것은 '구의 예산 확정 및 사용 감시', '구민 생활에 필요한 조례 지정 및 불필요한 조례 폐지', '법에 정해진 것을 제외한 사용료, 분담금, 지방세 부과 및 징수', '구 발전을 위한 기금 설치, 운용' 입니다.

③ 이어 주는 말/원인 알기 (1) 알맞은 이어 주는 말을 선택하 는 질문을 올바르게 풀기 위해서는 그 앞뒤 문장들이 어 떤 관계인지 파악해야 합니다. ㉠ 앞에는 '불이 났을 때 엘리베이터를 타야 한다고 생각할 것이다', 뒤에는 '불 이 났을 때 엘리베이터를 타면 절대로 안 된다'라고 나

옵니다. 앞뒤에 서로 반대되는 내용이 나오므로 빈칸 ㉠에는 '그러나'가 들어가야 합니다.

(2) ㉡ 앞에는 불이 났을 때 엘리베이터를 타면 오히려 죽을 위험이 높아진다는 내용이 나오고 뒤에는 불이 났을 때 절대로 엘리베이터를 타지 말라고 하므로, 앞의 내용이 '원인(근거)'이 되어 뒤의 결론이 나왔다는 것을 알 수 있습니다. 따라서 ㉡에 들어갈 이어 주는 말은 '그러므로'입니다.

(3) 세 번째 문단에 보면 '엘리베이터가 움직이는 곧고 좁은 공간으로 연기와 유독가스가 빠르게 이동하기 때문에 엘리베이터를 탔다가 오히려 그 안에 들어찬 연기와 유독가스를 들이마시고 죽을 위험이 크다'고 나옵니다.

(4) 불이 났을 때 어떻게 해야 하는지에 관한 정보는 글 전반에 나옵니다. 불이 난 초기에는 집에 둔 소화기로 불을 끄기 위해 노력하고 119에 신고한 뒤 이웃 사람들이 대피할 수 있게 화재 경보 비상벨을 눌러서 화재 발생을 알려야 합니다. 불이 나면 되도록 빨리 밖이나 옥상으로 대피해야 하는데, 연기나 유독가스를 마시지 않도록 손수건으로 코를 막고 자세를 낮추어 이동합니다. 또한 엘리베이터의 이동 공간을 따라 연기와 유독가스가 빠르게 움직이기 때문에 절대로 엘리베이터를 사용하지 않아야 합니다.

④ 중요 정보 파악하기 (1) ㈎~㈒ 중 글쓴이의 '의견'을 드러낸 것은 ㈒ '우리도 안용복이 지켜낸 우리 땅 독도를 소중히 여기고 빼앗기지 않기 위해 늘 경계해야 할 것이다'입니다.

(2) 문제를 풀 때 질문의 정보가 글의 어느 위치에 나오는지 빨리 파악하는 것이 중요합니다. '공도 정책'이라는 키워드가 글 어디에 등장하는지 확인하세요. 두 번째 문단에 공도 정책은 '섬에 사는 사람들을 본토로 이주시켜 섬을 비우는 정책'이라고 나옵니다.

(3) 일반적으로 가리키는 말의 대상은 그 앞에 나옵니다. ㉠이것 앞에는 일본에 잡혀간 안용복이 용감하게 울릉

도와 독도는 우리 땅이라고 주장했다는 내용이 나옵니다. 따라서 ㉠은 '울릉도와 독도는 우리 땅(조선의 땅)'을 가리킨다는 것을 알 수 있습니다. ㉡이 상황 앞을 보면 조선의 관리들은 여전히 울릉도와 독도에 관심이 없어서 아무런 조치를 취하지 않고 있었다는 내용이 나옵니다. 이것으로 보아 '이 상황'이란 '울릉도와 독도에 관심이 없어서 국가적으로 아무런 조치를 취하지 않고 있는 상황'임을 알 수 있습니다. ㉢담판의 내용이 무엇인지는 바로 뒤에 나옵니다. 일본 태수는 울릉도와 독도는 우리 땅이라는 안용복의 주장을 받아들여 잘못을 사과하고 '다시는 함부로 울릉도와 독도를 침범하지 않겠다고 약속'합니다.

(4) 나라를 위해 큰일을 한 안용복이지만, '조선의 관리들은 천한 신분인 어부 안용복이 감히 나라의 관리인 척 신분을 속이고 일본 태수와 영토 문제를 협상한 것을 용서할 수 없어서' 안용복에게 벌을 내렸습니다.

(5) 현재 일본은 독도를 '다케시마'라고 부르며 자기네 땅이라고 주장하고 있습니다. 하지만 독도는 원래 우리 땅으로, 조선 시대에 독도를 지키려고 노력한 안용복의 기록도 남아 있습니다. 안용복은 울릉도와 독도를 침범하는 일본인들에 맞서 싸우고, 일본 관리에게 울릉도와 독도가 조선 영토라는 것을 인정받았습니다. 하지만 조선의 관리들은 울릉도와 독도를 지키는 데 관심이 없었고, 이것을 두고 볼 수 없던 안용복은 꾀를 내어 조선의 높은 관리인 척 꾸미고 일본 태수로부터 울릉도와 독도를 함부로 침범하지 않겠다는 약속을 받아냅니다. 그러나 조선의 관리들은 이러한 안용복의 노력은 인정하지 않고, 안용복이 신분을 속여 일본 태수와 영토 문제를 협상했다는 이유로 벌을 내렸습니다.

독해기술 03 주제 이해하기

27~29쪽

1 (1) 해설 참조   (2) 해설 참조
2 (1) ③   (2) ④   (3) 해설 참조

1 글감과 주제 알기 (1) 첫 번째 문단의 "한반도의 선사 시대의 모습은 어땠을까?"라는 질문에 따라 한반도의 선사 시대의 모습을 구석기 시대 → 신석기 시대 → 청동기 시대순으로 설명한 글입니다. 따라서 이 글의 주제는 '한반도의 선사 시대의 모습' 또는 '한반도의 구석기, 신석기, 청동기 시대의 모습'입니다.

(2) 선사 시대의 시대별 특징에 관한 정보를 헷갈리지 말고 잘 정리해 보세요.

구석기	신석기	청동기
(채집) 위주, 사냥도 함	사냥, 채집, (농사) 시작	(농사) 확대, (지배계급) 출현
돌을 (깨서) 만든 석기 사용	(간석기) 사용 / (빗살무늬)토기 / 옷감	(청동) 도구 제작 / (민무늬)토기 / 고인돌

2 글의 주제, 목적 알기 (1) 미래 웹툰 작가를 꿈꾸는 청소년에게 웹툰 작가가 어떤 일을 하는 사람이고, 어떤 능력이 필요하며, 어떻게 작업하는지 등 '웹툰 작가에 관한 정보를 전달'하려는 목적의 인터뷰입니다.

(2) ④ '웹툰 작가의 급여'에 관한 설명은 글에 나오지 않습니다.

(3) 글에서 웹툰 작업이 진행되는 과정을 언급하는 부분을 찾아 각 과정에 맞게 표를 채우면 됩니다.

러프	굵은 선으로 바탕 그림 그리기
선화	바탕 그림을 정교하게 그리기
채색	알맞게 색칠하기
효과	질감 부여하고 각종 효과 넣기

마무리	작품 완성도를 올리기 위해 마지막으로 만지기

독해기술 04 문단 이해하기

31~33쪽

1 (1) 광합성   (2) 해설 참조
   (3) 해설 참조
2 (1) ①   (2) 해설 참조
   (3) ①-〈다〉 ②-〈라〉 ③-〈가〉
   (4) 해설 참조

1 문단의 요지 알기 (1) 글의 첫째 문장 "식물의 광합성이란 무엇일까?"라는 질문에 광합성이 무엇인지를 설명하는 글입니다. 따라서 주제는 '식물의 광합성'입니다.

(2) 첫째 문장의 답이라고 할 수 있는 둘째 문장 "식물이 햇빛, 물, 이산화탄소를 사용하여 전문을 만드는 활동을 일컬어 광합성이라고 한다."가 글의 요지이며, 나머지는 부연 설명하는 문장들입니다.

(3) 식물이 광합성으로 전분이라는 영양분을 만들어 낸다는 것이 글의 중요한 내용입니다. 그런데 마지막 문장 "또한 식물은 광합성을 통해 산소를 배출한다."는 '광합성의 다른 역할'을 설명하는 것입니다. 따라서 나머지 문장과 어울리지 않습니다.

2 긴 글의 문단 이해하기 (1) ㉠ '이처럼 성인이 되기 위해 일정한 의식이나 고통의 과정을 거치게 함으로써 어른이 되었다는 자긍심과 책임감을 부여하고 있다'를 보면 '이처럼 성인이 되기 위해 일정한 의식이나 고통의 과정'의 구체적인 예가 앞에 나와야 하는데 ㉠ 앞에는 그에 해당하는 내용이 없습니다. 그 앞에는 성인의 뜻과 성인이 할 수 있는 활동에 관한 언급이 있을 뿐입니다.

(2) 글을 훑어 읽으면서 필요한 정보를 잘 찾아봅시다.

165

조선 시대에는 사람이 열다섯 살 정도가 되면 성인식이 열렸다. 남자의 성인식을 관례, 여자는 (계례)라고 부른다. 남자는 상투를 틀고 그 위에 (관)을 쓰고, 여자는 댕기 머리 대신 쪽을 지어 (비녀)를 꽂는다. 이 의식은 마을이나 친척 중에 존경받는 어른이 주관했으며, 이 의식을 거쳐 한 명의 사회 구성원으로서 인정을 받게 되었다.

(3) '성인'의 정의가 나온 문단은 〈가〉, 조선 시대 남자의 성인식인 관례에 관해 설명하는 문단은 〈다〉, 여자의 성인식인 계례에 관해 설명하는 문단은 〈라〉입니다.

(4) 문단의 '요지'는 문단의 가장 핵심적인 내용이나 뜻입니다. 각 문단에서 가장 중심 내용이 무엇일지 잘 생각해 봅시다.

〈가〉: 성인이 되면 어릴 때와는 달리 법적 책임을 져야 하며 주도적으로 경제활동을 하고 결혼을 하고 집을 사고파는 일 등 미성년자였을 때는 하기 힘들거나 할 수 없었던 많은 활동이 가능해진다.

〈나〉: 우리나라를 비롯해 세계 여러 나라에서는 성인이 되었음을 축하하는 성인식을 굉장히 중요하게 여겨, 그 지역의 문화적 전통이 가미된 독특한 방식으로 이를 치렀다.

〈다〉: 남자의 관례는 15세에서 20세 사이에 행해지는데, 보통 아이의 선생님이나 마을에서 존경받는 어른이 주관하여 의식을 진행한다.

〈라〉: 여자의 계례는 나이가 15세가 되거나 생리가 시작될 때 행해지며, 이전의 댕기 머리 대신 긴 머리로 쪽을 지어 비녀를 꽂는 의식을 행했다.

독해기술 05 글의 갈래 알기

36~41쪽

1	(1) ②	(2) 여정: ㉠ / 견문: ㉡, ㉣ / 감상: ㉢, ㉤
2	(1) ⑤	(2) 해설 참조
3	(1) ④	(2) ③	(3) 해설 참조
4	(1) ①	(2) ① ○ ② ○ ③ × ④ ○ ⑤ ×
	(3) 해설 참조	

1 글의 갈래 알기 (1) 이 글은 글쓴이가 아버지와 함께 공주에 있는 무령왕릉에 찾아가 그곳에서 보고 듣고 느낀 것을 자유롭게 쓴 '기행문'입니다.

(2) 기행문에는 '여정', '견문', '감상'이 들어가야 합니다. 여정은 '여행의 과정이나 일정', 견문은 '여행에서 보고 듣고 겪으면서 알게 된 것', 감상은 '견문으로 얻은 느낌이나 생각'을 뜻하므로, 글의 밑줄 친 ㉠~㉤가 각각 어디에 해당하는지 생각하면서 분류해 봅시다.

2 글의 갈래 알기 (1) 이 글은 신라의 첫 번째 왕 박혁거세의 출생에 관한 신비한 이야기를 담은 '설화'입니다.

(2) 설화는 한 민족 안에서 오랫동안 전해 내려오는 이야기로서 그 안에는 과학적 상식으로는 설명할 수 없는 신비한 내용이 나오는 경우가 많습니다. 이 글에도 그러한 신비로운 내용이 나오는데 그것을 정리해 보면 다음과 같습니다.

1. 나정이라는 우물 옆에서 절을 하던 하얀 말이 하늘로 올라감

2. 말이 절을 하던 자리에 있던 커다란 자주색 알에서 사내아이가 나옴

3. 박혁거세가 용의 옆구리에서 나온 알영과 결혼함

3 글의 갈래 알기 (1), (2) '뱀이 혀를 날름거리는 이유'에 관해 질문을 던지고, 그 답이 되는 과학적 사실을 상세하게 설명한 '설명문'입니다.

(3) 뱀이 혀를 날름거리는 이유는 글의 마지막 문장에 요

약되어 있습니다. '뱀이 혀를 날름거리는 이유는 먹이의 종류와 위치를 알아내기 위해서'입니다.

4 글의 갈래 알기 (1) 스티븐 호킹 박사라는 실존 인물의 출생과 죽음(1942년 영국 출생, 2018년 사망), 생애와 업적(장애를 뛰어넘은 뛰어난 물리학자로 블랙홀 이론 발표, 장애인을 위해 활발한 활동을 펼침 등)에 관해 다루는 이 글은 '전기'입니다.

(2) 스티븐 호킹 박사는 루게릭병에 걸려서 중증 장애인이 되어 제대로 몸을 움직일 수도, 목소리를 낼 수도 없었습니다. 그럼에도 불구하고 그는 좌절하지 않고 물리학 연구에 매진하여 블랙홀 이론을 발표하는 등 물리학계에서 커다란 업적을 쌓았습니다. 또한 그는 딸과 함께 어린이용 천체 물리학 도서를 썼습니다. 그렇다고 하여 호킹 박사가 물리학 연구에만 매달린 것은 아니었습니다. 그는 장애인을 위한 시설 설립에 앞장섰고, 환경 문제나 인공지능 문제 등 인류의 삶과 연결된 많은 문제에도 관심을 가졌습니다. 비록 목소리도 제대로 낼 수 없었지만 음성 합성기와 다른 사람의 도움을 받아 직접 강연도 했습니다.

(3) 호킹 박사는 블랙홀에 관해 과학자들이 믿던 기존 생각을 완전히 깨는 이론을 발표합니다. 그것은 '블랙홀은 주위의 물질을 빨아들일 뿐만 아니라 이를 밖으로 내보내는데, 내보내는 양이 많아지면 블랙홀 자체가 사라질 수도 있다'라는 것이었습니다.

독해기술 06 글의 구성 알기

44~49쪽

1 (1) ③ (2) 해설 참조 (3) 해설 참조
2 (1) ④ (2) 해설 참조
(3) ① 일본 ② 한국 ③ 일본 ④ 한국 ⑤ 한국
3 (1) ① (2) 해설 참조 (3) ③
4 (1) ② (2) 해설 참조 (3) 해설 참조

---

1 글의 구성 방식 알기 (1) 이 글은 프랑스의 로지에, 독일의 릴리엔탈, 미국의 라이트 형제가 이루어 낸 성공적인 비행 기록과 업적을 시간 순서(연도)대로 나열하면서 인류 비행의 역사를 설명한 글입니다.

(2) 인간이 하늘을 나는 데 성공한 것이 '시간 순서'에 따라 정리되어 있습니다. 따라서 시간을 알려 주는 '1783년 10월', '1891년', '1900년과 1901년', '1903년 12월 17일', '1905년'이 글의 구성 방식을 알려 주는 표시어라고 할 수 있습니다.

(3) 글을 꼼꼼히 읽고 연도에 맞게 사람과 업적을 제대로 연결해 봅시다.

연도	사람	성취/기록
1783년 10월	ⓛ 로지에 (프랑스)	⑰ 기구를 타고 인류 최초로 비행 성공
1891년	릴리엔탈 (독일)	⑳ 최초의 글라이더로 비행 성공
1903년 12월 17일	ⓒ 라이트 형제 (미국)	㉠ 동력 비행기로 최초의 비행 성공 – 12초 동안 36m 비행
1905년	라이트 형제 (미국)	40km 비행 성공 (38분 소요)

2 글의 구성 방식 알기 (1) 이 글은 한국과 일본의 식사 예절을 '비교'하여 차이점을 설명한 글입니다.

(2) "한국과 일본의 식사 예절을 비교하여 어떤 차이점이 있는지 살펴봅시다."나 "한국에서는 ~ 하지만 일본 사람들은 ~", "우리 조상들과 달리 일본은 ~", "또 다른 차이점은 한국은 ~ 그러나 일본은 ~", "예전에 한국 사람들은 ~ 하지만 일본은 ~"와 같은 표현에서 글의 구성 방식이 무엇인지 알 수 있습니다.

(3) '한국'은 밥 한 숟갈에 여러 개의 반찬을 한꺼번에 먹고, 밥그릇과 국그릇을 상 위에 두고 숟가락으로 떠먹으며, 여러 사람이 각자의 숟가락을 한 찌개 용기에 넣어서 먹어도 됩니다. 반면, '일본'은 밥그릇과 국그릇을 입

가까이 들어 올려 먹고, 젓가락으로 음식을 주고받거나 젓가락을 핥아서는 안 됩니다.

③ 글의 갈래 알기 (1) 이 글은 '식물이 번식하기 위해 씨앗을 어떻게 퍼뜨리는지 그 방법을 나열'하여 소개하는 글입니다.

(2) "식물이 씨앗을 퍼뜨리는 방법을 살펴보자."라는 문장이 나오고 씨앗을 퍼뜨리는 방법을 '첫째, 둘째, 셋째, 그 외에도'라는 표시어를 써서 설명하고 있습니다.

(3) 식물이 동물을 이용하여 씨앗을 퍼뜨리는 방법은 '두 가지'입니다. 하나는 씨앗이 솜털에 매달려서 날아가는 방법, 다른 하나는 얇은 날개를 두르고 프로펠러처럼 날아가는 것입니다.

④ 글의 갈래 알기 (1) 이 글에서 설명하는 것은 '배에서 꼬르륵 소리가 나는 이유'입니다. 따라서 글의 구성 방식은 '원인과 결과'입니다.

(2) "배에서 꼬르륵 소리가 나는 이유는 무엇일까요?", "꼬르륵 소리가 나는 원인은 ~", "~ 소장 운동이 매우 활발하게 일어나고 있기 때문입니다"가 이 글이 '원인과 결과' 방식으로 쓰인 글이라는 것을 알게 합니다.

(3) 배에서 꼬르륵 소리가 나는 이유는 '소장 운동이 매우 활발하게 일어나고 있기 때문'입니다. 더 자세하게는 "소장 운동은 특히 식후 두세 시간 경에 가장 강력하게 일어나는데, 이때 장 속에 남아 있던 음식물 찌꺼기와 공기나 액체를 강하게 훑어 내려보내면서 꼬르륵 소리가 크게 나죠."를 쓰면 됩니다.

독해기술 07 요약하기

51쪽

| 1 | 해설 참조 |

① 중요 정보 알기 정보 글이 아닌 이야기를 요약할 때는 '발단—전개—절정—결말'에 따라 중요 인물과 사건, 발생한 문제나 갈등, 해결에 관한 내용을 잘 이해해야 합니다.

발단	이야기 잘하는 사람과 이야기 (못하는) 사람이 이웃에 살고 있었다.
전개	둘이 나무를 하러 산에 올라갔을 때 이야기 (잘하는) 사람은 (꿩)의 움직이는 모습을 보면서 그 행동을 묘사했다.
절정	이야기 (못하는) 사람의 집에 (도둑)이 들었는데 그는 누군가가 자기 행동을 정확하게 묘사하는 것에 깜짝 놀랐다. "(슬금슬금) 오는구나.", "(두리번두리번) 살피는구나.", "(조기 조기 조 눈깔)!"
결말	깜짝 놀라 (도둑)은 도망쳤다.

독해기술 08 추론하기

53~55쪽

| 1 | (1) ① | | (2) 해설 참조 |
| 2 | (1) 해설 참조 | (2) ② | (3) ⑤ |

① 글의 흐름 추론하기 (1) 주어진 문장의 첫머리에 나오는 '이 말'이 가리키는 것이 무엇인지 파악하면 주어진 문장이 ㉠~㉤ 중 어디에 위치하는 것이 가장 적절할지 짐작할 수 있습니다. 주어진 문장은 '이 말' 앞에 나온 어떤 말이 의미하는 바를 풀어서 설명한 것입니다. 이것을 단서로 살펴보면 '이 말'에 해당하는 것은 '당신의 혀에는 뼈가 없다는 것을 항상 기억하라'라는 유대인의 격언임을 알 수 있습니다. 따라서 주어진 문장은 ㉠ 위치에 들어가는 것이 알맞습니다.

(2) 말이 많으면 실수가 잦아지니 말을 지나치게 많이 하지 말라는 글의 교훈(요지)을 드러낸 문장은 글의 마지

막 문장인 "말의 중요성을 깊이 새기고, 말을 너무 많이 하거나 쓸데없는 말을 하지 않도록 늘 조심하는 것이 어떨까?"입니다.

② **성격, 벌어질 일 예상하기** (1) 글의 둘째 문장에 보면 부부의 소원은 '부모를 모시고 사는 것'이라고 나옵니다. 그런 소원을 하게 된 이유는 남편의 말 "우리 같은 사람은 부모님이 안 계셔서 슬픈데"와 "우리 내외는 어려서 부모님을 여의고 외롭게 살아서 부모를 모시고 사는 게 평생의 소원이오."에서 알 수 있습니다. 즉, '부부가 일찍 부모를 여의고 외롭게 살았기 때문'입니다.

(2) 돈을 보고 오는 사람이 아닌, 노인의 처지를 불쌍히 여겨 남이라도 아버지로 모시고 살 따뜻한 마음을 가진 사람을 가족으로 맞이하고 싶어 꾀를 낸 것으로 보아 노인은 매우 '지혜롭다'는 것을 알 수 있습니다.

(3) 부모를 일찍 여의었기 때문에 남의 아버지라도 모시고 평생 살고 싶다는 부부와 정말 자기를 가족으로 받아 줄 사람을 찾는 노인의 마음이 서로 맞았기 때문에 그들은 행복하게 살았을 것입니다.

독해기술 09 적용 및 문제 해결하기

57쪽

1 (1) 달라 (2) 가든지, 가든지 (3) 다르다 (4) 떠들었던지 (5) 틀린 (6) 틀린

① **정보 적용하기** 이 글은 '다르다'와 '틀리다', '–든지'와 '–던지'의 올바른 뜻을 알려 주어 각 낱말을 올바르게 사용할 수 있게 정보를 제공하는 글입니다. 각 낱말의 뜻을 글에서 확인하고 상황에 알맞게 사용하도록 합시다.

독해기술 10 감상하기

59쪽

1 (1) 해설 참조 (2) ③

① **글 감상하기** (1) 회의 주최자의 말과 태도에 대해 글쓴이는 "초대받지 않은 사람은 실수로 이 자리에 온 것일 거요. 보는 눈들이 있는데 나가야 한다면 얼마나 무안하고 상처를 받겠소? 사람에게 굴욕감을 느끼게 해서는 안 되오."라고 랍비의 입을 통해 자신의 태도와 생각을 드러내고 있습니다.

(2) 다른 사람 앞에서 남을 함부로 상처 입히거나 굴욕감을 줘서는 안 된다는 것이 글의 교훈인데 이것을 제대로 이해한 사람은 '지혜'입니다.

실전! 독해 테스트

[1~7] 60~62쪽

1 ②
2 (1) 〈라〉 (2) 〈가〉 (3) 〈다〉 (4) 〈나〉
3 (1)–(나) (2)–(가) (3)–(라) (4)–(다)
4 골수 **5** ⑤
6 ④ **7** 해설 참조

① **글의 갈래 알기** 이 글은 뼈의 역할, 종류, 뼈와 관련 있는 다른 조직에 관해 설명하는 '설명문'입니다.

② **문단 이해하기** 골수의 역할을 소개한 것은 글의 마지막 문단인 〈라〉, 몸을 움직이게 하는 뼈의 역할을 언급한 것은 〈가〉, 뇌와 심장, 폐 등 신체의 중요 장기를 보호하는 뼈에 관한 정보를 제공하는 것은 〈다〉, 근육 외에 뼈를 움직이게 하는 조직인 힘줄과 인대에 관해 설명하는 문단은 〈나〉입니다.

3 내용 파악하기　인대는 뼈와 뼈를 연결하고 힘줄은 뼈와 근육을 연결합니다. 적혈구는 몸의 조직에 산소를 운반하고 백혈구는 우리 몸에 침입한 나쁜 균과 싸워 물리치는 역할을 합니다.

4 내용 파악하기　적혈구와 백혈구가 생성되는 뼛속에 있는 조직은 '골수'입니다.

5 내용 파악하기　글에 보면 사람 몸의 근육은 600개가 넘는다고 나옵니다. 성장하면서 수가 주는 것은 근육이 아니라 뼈입니다.

6 내용 파악하기　④ '뼈의 구성 성분'에 관한 정보는 글에 나오지 않습니다.

7 요약하기　긴 글을 읽을 때 중요한 정보를 미리 표시해 두면 글을 요약할 때 도움이 됩니다.

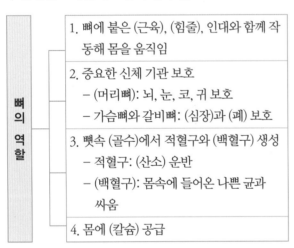

뼈의 역할	1. 뼈에 붙은 (근육), (힘줄), 인대와 함께 작동해 몸을 움직임
	2. 중요한 신체 기관 보호 　– (머리뼈): 뇌, 눈, 코, 귀 보호 　– 가슴뼈와 갈비뼈: (심장)과 (폐) 보호
	3. 뼛속 (골수)에서 적혈구와 (백혈구) 생성 　– 적혈구: (산소) 운반 　– (백혈구): 몸속에 들어온 나쁜 균과 싸움
	4. 몸에 (칼슘) 공급

[8~13] 63~65쪽

8	식욕, 색깔	**9**	불러일으키는
10	①	**11**	(1) ○ (2) ○ (3) × (4) ○
12	④	**13**	③

8 주제 이해하기　글에서 중점적으로 설명하는 내용은 식욕을 불러일으키는 색깔과 식욕을 떨어뜨리는 색깔, 그리고 그 이유입니다. 따라서 글의 주제는 '식욕에 영향을 끼치는 그릇의 색깔'입니다.

9 낱말 이해하기　밑줄 친 낱말이 들어 있는 문장 "그런데 흰색은 식욕을 돋우는 색이에요." 바로 뒤에 "흰색은 음식을 화사하고 깨끗하게 보이게 하여 식욕을 불러일으키는 색이라고 하네요."라고 흰색이 식욕을 돋우는 이유를 언급한 문장이 나옵니다. 여기에서 '식욕을 불러일으키는'이 '식욕을 돋우는'과 같은 의미로 사용된 표현이라는 것을 알 수 있습니다.

10 내용 파악하기　앞뒤 문장의 관계를 파악하면 어떤 이어 주는 말을 빈칸에 넣어야 할지 알 수 있습니다. ㉠ 앞에는 영양소의 균형이 잡힌 식사를 한다면 조금 많이 먹어도 된다고 합니다. 그런데 뒤에는 탄수화물을 너무 많이 섭취하면 좋지 않다고 말합니다. 앞뒤에 서로 반대되는 내용이 나오므로 ㉠에 들어갈 알맞은 이어 주는 말은 '그렇지만'입니다. ㉡ 앞에는 파란색이 사람의 식욕을 떨어뜨린다고 하고, 뒤에는 먹는 양 자체를 줄이고 싶으면 파란색 그릇에 음식을 담으라고 나옵니다. 앞 내용이 '원인(근거)'가 되어 뒤의 '결과'가 나오므로 '그래서'를 쓰는 것이 알맞습니다.

11 내용 파악하기　식욕을 떨어뜨리는 여러 색깔 중에 으뜸은 파란색이라고 나옵니다. 탄수화물은 비만의 주범이기 때문에 살이 찌고 싶지 않다면 탄수화물 섭취를 줄여야 합니다. 파란색, 보라색, 검은색은 음식을 상한 것처럼 보이게 하지만 흰색은 음식을 화사하고 깨끗하게 보이게 하여 식욕을 불러일으킵니다. 흰색처럼 식욕을 돋우는 색깔에는 빨간색, 노란색, 주황색, 부드러운 분홍색이 있습니다.

12 적용하기 글을 보면 살을 건강하게 빼려면 영양 균형
이 잡힌 적당한 양의 식사를 하고 일정량의 운동을 하며
식욕을 떨어뜨리는 색깔의 그릇을 쓰는 것을 추천합니
다. 탄수화물의 섭취를 줄이라고 했지, 완전히 끊으라고
하지는 않습니다.

13 글의 구성 알기 사람의 식욕에 영향을 끼치는 색깔이
글에서 다루는 가장 중요한 정보입니다. 글쓴이는 이 정
보를 식욕을 돋우는 색깔과 식욕을 떨어뜨리는 색깔로
나누어 '비교'하면서 각각의 영향을 설명하고 있습니다.

[14~16] 65~67쪽

14	③	15	⑤
16	③		

14 문단 이해하기 ⓒ '하지만 너희가 아직 어리니 책 읽기
보다는 밖에서 놀고 싶은 마음이 더 크다는 것도 이해한
다'는 앞뒤로 나오는 내용과 어울리지 않습니다. ⓒ 앞에
는 공부하는 것에 대한 당부와 염려를 편지에 써서 보냈
으나 반응하지 않는 아들들을 다그치고 있고, 뒤에는 '"너
희는 아비인 나의 당부를 이렇게 가볍게 여긴단 말이냐?"
하면서 책 읽기 및 공부에 적극적이지 않은 아들들을 염
려하며 책망하는 아버지의 모습이 드러나 있습니다.

15 추론하기 훌륭한 선비가 되기 위해 아들들을 격려하
고 다그쳐서 열심히 공부하고 책을 읽게 하려는 아버지
의 열성이 드러나지만, 아버지의 못다 한 꿈을 자식들이
이루어 주길 바라고 있다고는 생각할 수 없습니다.

16 감상하기 이 편지에는 '자식이 인격적으로나 학문적
으로 더 성장하길 바라는 아버지의 사랑과 관심'이 잘
나타나 있습니다. 이런 관점의 감상을 말한 '제욱'이 편
지 내용을 제대로 이해한 친구일 것입니다.

[17~20] 67~69쪽

17	⊙: 이방원 ⓒ: 이성계		
18	⑤	19	②
20	②		

17 내용 파악하기 ⊙와 ⓒ의 '그'가 각각 누구를 가리키는
지 앞의 내용을 잘 살펴보고 헷갈려서는 안 됩니다. ⊙
은 '이방원', ⓒ은 '이성계'입니다.

18 내용 파악하기 이성계는 정몽주를 죽이면 '백성이 새
로운 나라를 받아들이지 않을 것'이고, 정몽주를 조선
건국에 참여하게 하면 '정몽주를 존경하고 따르는 백성
의 마음을 얻을 수 있을 것'이라고 생각했습니다. 정몽
주를 자기편으로 만들어야 백성의 지지를 얻을 수 있다
고 생각한 것입니다.

19 추론하기 주어진 문장 '정몽주는 어머니의 당부대로
자기 일처럼 나랏일을 살폈고, 이성계가 고려를 버리고
새로운 나라를 건국하자고 제의했을 때도 흔들리지 않
았다'가 글의 어느 위치에 들어가야 할지를 판단하려면
'어머니의 당부'가 나온 부분을 찾는 것이 문제를 푸는
열쇠입니다. 정몽주 어머니의 당부는 (나) 앞에 나옵니
다. (나) 위치는 이성계의 제의를 거절했다는 내용이 들
어가기에도 알맞습니다. (나) 바로 뒤에 "그런 정몽주를
제거해야 한다고 이방원은 이성계에게 여러 차례 이야
기했으나 이성계는 반대했다."와도 내용상 자연스럽게
연결되기 때문입니다.

20 내용 파악하기 정몽주가 죽임을 당한 것은 고려를 배신
해서가 아니라 조선 건국에 함께하자는 이방원의 제안
을 거절하고 끝까지 고려를 향한 충심을 꺾지 않아서입
니다.

무엇을 읽을까

1과 **적성과 진로**

배경지식 확인하기 73쪽

1 출판 편집자	2 축구선수
3 교사	4 1인 크리에이터

74~75쪽

01

1 관광 가이드, 소개   2 ④
3 (1) ○ (2) ○ (3) × (4) ○   4 ⑤

1 주제 이해하기   이 글의 글쓴이는 자기 직업인 '관광 가이드'에 관해 '소개'하고 있습니다.

2 내용 파악하기   글의 '관광 가이드가 하는 일' 부분에 관광 가이드인 글쓴이가 하는 일이 정리되어 있습니다. 관광 가이드는 여행 일정을 관리하고, 관광객에게 여행지에 관해 설명하고 안내하며, 통역 및 입출국 수속, 숙박 예약 등 관광객에게 필요한 편의를 제공합니다.

3 내용 파악하기   (1) 글쓴이는 영어와 러시아어로 의사소통을 할 수 있다고 '관광 가이드가 된 이유와 자격 조건' 부분에 나옵니다. (2) 글의 처음 부분을 나오는 "관광객들과 함께 한국을 포함해 전 세계를 여행하죠."와 러시아 여행을 인솔하면서 겪은 경험담을 소개한 부분을 보면 글쓴이는 국내 여행뿐 아니라 외국 여행도 인솔하는 관광 가이드라는 것을 알 수 있습니다. (3) 러시아 여행 중 전복한 열차는 글쓴이가 타고 있던 것이 아니라 앞 열차였습니다. (4) 글에 관광 가이드가 하는 일과 관광 가이드의 자격 조건 등의 정보가 나와 있습니다.

4 적용하기   글을 보면 글쓴이가 하는 일이 구체적으로 소개되어 있고, 왜 그 직업을 선택했는지, 그 직업을 가지려면 어떤 자격을 갖추어야 하고 어떤 점이 좋은지, 기

억에 남는 경험담이 나와 있습니다. 이것을 지침 삼아 진로 신문을 만들면 좋을 것입니다. 일할 때 발생할 수 있는 어려움이나 위험을 이야기할 수는 있으나 그 위주로 쓰는 것은 진로 신문의 적절한 작성 방법이 아닐 것입니다.

76~78쪽

02

1 ①   2 해설 참조
3 (1)-(다) (2)-(나) (3)-(가)
4 취미, 직업, 과정, 참여
5 〈가〉문단: ㉃, 〈나〉문단: ㉠,
  〈다〉문단: ㉺, 〈라〉문단: ㉢

1 내용 파악하기   이 글에서는 ① '게임의 해로움'에 관한 내용은 나와 있지 않습니다. 글을 읽을 때 문단의 핵심적인 내용과 중요 정보를 따로 표시하거나 정리해서 읽으면 글에 언급되지(설명되지) 않은 내용 및 정보를 고르라는 문제의 답을 쉽게 찾을 수 있습니다.

2 내용 파악하기   가리키는 말이 무엇을 나타내는지에 관한 정보는 주로 앞에 나옵니다. ㉠ 앞의 문장 내용을 정리하여 '당시 전 세계를 주름잡던 게임은 미국과 일본에서 나오고 있었던 상황' 또는 '당시 전 세계를 주름잡던 게임은 미국과 일본에서 나오고 있었는데, 3D 기술을 활용한 격투 게임, 자동차 운전 게임이 인기였던 상황'이라고 답을 쓰면 됩니다. 밑줄 친 ㉡이 세계 앞을 보면 "게임 개발이 매력적으로 느껴지지 않나요?"라는 문장이 나옵니다. 그리고 글이 게임 개발에 관해 소개하는 내용이므로 '이 세계'란 '게임 개발의 세계'라는 것을 짐작할 수 있습니다.

3 내용 파악하기   〈나〉문단에 게임을 만드는 데 서로 협력하는 분야에 관한 내용이 나옵니다. 음악에 재능이 있으면 '사운드 디자이너, 오디오, 프로그래머, 작곡가'를, 그

림 그리기가 특기라면 '모델러, 텍스쳐 아티스트, 애니메이터'를, 수학이나 물리를 잘한다면 '인공지능 프로그래밍, 게임 엔진 개발' 분야에서 일하며 게임 개발에 참여할 수 있습니다.

④ 주제 이해하기 글을 보면 게임 하기라는 글쓴이의 '취미'에서 시작해 게임을 개발하는 '직업'을 갖기까지의 '과정'과 게임 개발이 어떤 일인지에 관해 구체적으로 그려집니다. 글의 마지막에 글쓴이는 게임 개발에 '참여'하라고 독자에게 권유하고 있습니다.

⑤ 문단 이해하기 글을 제대로 이해하려면 각 문단에서 중점적으로 다루는 내용이 무엇인지 파악하는 것이 중요합니다. 〈가〉문단에는 '글쓴이가 게임 개발 직업을 갖게 된 이유가 설명'되어 있고, 〈나〉문단에는 '게임 개발에 관련된 여러 분야가 세부적으로 소개'되어 있습니다. 〈다〉문단은 글쓴이가 '게임 개발에서 맡은 업무를 소개'하고 있습니다. 마지막으로, 〈라〉문단에서는 게임 개발이 무척 매력적인 일이므로 '그 분야의 직업을 갖도록 권유'하는 내용으로 글이 마무리됩니다.

78~80쪽

03	1	어릴 때부터 억울하게 피해를 본 사람을 돕고 악당은 벌을 줘서 정의로운 사회를 만드는 일을 하는 사람이 되고 싶었기 때문에
	2	해설 참조　　　　3　③
	4	③, ④

① 내용 파악하기 글의 둘째 문장 "그래서 판사가 되어야겠다고 생각했습니다."의 '그래서'는 앞의 원인 때문에 어떤 결과가 일어났다는 것을 나타내는 이어 주는 말입니다. 따라서 앞 문장에 글쓴이가 판사가 되고 싶어 하는 이유가 나온다는 것을 알 수 있습니다. 글쓴이는 '어릴 때

부터 억울하게 피해를 본 사람을 돕고 악당은 벌을 줘서 정의로운 사회를 만드는 일을 하는 사람이 되고 싶었다'고 합니다.

② 내용 파악하기 첫 번째 문단에 판사의 업무가 간략히 소개되어 있습니다.

| 1. (재판)을 진행 |
| 2. 증거와 증언을 살피고, (범죄 여부)를 판단 |
| 3. 법률을 적용하여 (판결)을 내림 |

③ 내용 파악하기 라가디아 판사는 빵을 훔친 죄에 대해서는 벌금형을 선고했지만, 도둑질할 수밖에 없었던 노인의 딱한 사정을 고려하여 자기가 대신 벌금을 냈습니다. 이것으로 보아 ③ '법정에 선 노인에게 벌금형을 내리고 억지로 돈을 내게 했다'는 잘못된 설명입니다.

④ 추론하기 "사정이 아무리 딱하다고 해도 법은 모든 사람에게 평등하게 적용되어야 합니다.", "불쌍한 노인을 돕지 않고 방치한 죄로 벌금 10달러는 제가 내겠습니다.", "죄에 대해서는 공정하게 벌을 내려야 하지만, 그 바탕에 사람에 대한 따뜻한 시선과 배려가 있어야 한다고 생각했습니다."라는 부분에서, 사람을 가리지 않고 평등하게 죄에 대해 벌을 내리는 '공정'을 갖추면서도 사람에 대한 '배려'를 잃지 않는 것이 판사에게 필요한 자질이라는 것을 추측할 수 있습니다.

04 도전! 긴 지문 읽기	1 ②	2 ⑤	3 ④
	4 찬성: ㉡, ㉢, ㉤, ㉥ / 반대: ㉠, ㉣		
	5 해설 참조		
	6 (1) ③ (2) 〈나〉문단	7 해설 참조	

1 글의 갈래 알기 글쓴이의 주장이 나오고, 그 주장을 설득하기 위한 근거를 제시하는 글입니다. 이런 종류의 글을 '논설문'이라고 합니다.

2 글의 구성 알기 글쓴이는 자유학년제가 필요하다는 자신의 주장을 설득하기 위해 '자유학년제의 여러 장점'에 관해 나열하고 있습니다.

3 내용 파악하기 빈칸 ㉠ 앞에는 자유학년제를 반대하는 학부모가 있다는 내용이 나오지만, 그 뒤에 글쓴이는 반대하는 사람들에게 자유학년제의 장점을 알려 주고 싶다고 합니다. 앞뒤의 내용이 서로 반대되므로 ㉠에 들어갈 알맞은 이어 주는 말은 '그러나, 하지만'입니다. 빈칸 ㉡ 앞에는 '교과 수업 외에 다양한 체험으로 구성된 활동을 경험한다'는 내용이 나옵니다. 그리고 그 뒤에 관련 활동의 예가 제시됩니다. 따라서 ㉡에는 '예시'를 나타내는 '예를 들어'가 들어가는 것이 알맞다는 것을 알 수 있습니다.

4 내용 파악하기 찬성과 반대 의견이 나오는 글을 읽을 때는 찬반 의견을 별도로 표시해 놓으면 내용을 파악하기 쉽습니다. ㉠ '자유학년 동안 시험이 없어 공부에 소홀해진다'와 ㉣ '다양한 체험을 한다고 하면서 일탈행위를 하게 될 수 있다'는 모두 자유학년제에 '반대'하는 사람들의 의견입니다.

5 내용 파악하기 글에서 해당 정보가 언급된 부분을 꼼꼼하게 읽고 알맞은 내용을 찾아내야 합니다. 표에 정리된 정보는 제외하고 정리되지 않은 정보가 무엇인지 빨리

알아내는 것이 중요합니다.

체험활동	수업 방식	평가 방식
• 동아리 활동 • 예체능 활동 • 교과와 연계된 (주제) 선택 활동 • 적성과 소질을 찾는 (진로 탐색) 활동	• 토의, 토론 • 실습, 실험 • (협동) 학습 • (프로젝트) 학습	• 학생의 (문제 해결) 과정에 대한 교사의 (관찰) • 학습 되돌아보기 • 친구들 간의 (상호 평가) 등

6 내용 파악하기/추론하기 ③은 자유학년제에 관한 '장점(찬성)' 의견입니다. 나머지는 자유학년제를 반대하는 사람들의 의견과 입장을 드러내는 문단에 나오는 것이 알맞습니다. 자유학년제에 대한 반대 의견이 언급된 문단은 〈나〉입니다.

7 문단 이해하기/요약하기 논설문이나 설명문은 '서론-본론-결론'으로 나누어 요약할 수 있습니다. 서론에는 글쓴이의 '주장'이 나타나고, 본론에는 주장에 관한 '근거(이유)'가 설명되며, 결론에서는 주장을 다시 한번 '강조'하는 것이 일반적입니다. 이 글의 서론에서는 자유학년제를 찬성하는 글쓴이의 입장이 드러나면서 자유학년제가 무엇인지 설명하고 있습니다. 본론에서는 주장에 대한 근거를 간단히 정리하면 됩니다. 따라서 ㉮, ㉯, ㉰에 들어갈 것은 〈다〉, 〈라〉, 〈마〉의 중심 문장(요지)입니다. 이것을 바탕으로 답을 정리하면 다음과 같습니다.

(1) 자유학년제는 학생들이 (시험) 부담 없이 스스로 공부하며 다양한 (체험활동)을 통해 (자기)를 이해하고, 이를 바탕으로 자신의 (진로)를 찾아보면서 사회를 살아가는 데 필요한 능력을 갖추는 기회를 얻는 시간이다.

(2) 자유학년제에서 학생들은 자기를 이해하고 역량을 키울 기회를 얻게 됩니다.

(3) 사회를 살아가는 데 필요한 능력을 자기 주도적으로

배울 수 있습니다.

(4) 자유학년제에서는 학생 개인에 대한 더욱 다각적 평가가 이루어질 수 있습니다.

2과 사회와 생활

문제와 해결 방법 생각하기 87쪽

1 (ㄴ)	2 (ㄴ)	3 (ㄱ)	4 (ㄱ)

88~89쪽

01
1 ①
2 중금속 성분
3 찬성: ㉠, ㉢, ㉤ / 반대: ㉡, ㉣

① **주제 이해하기** 게시물의 제목이 "초등학생의 화장 찬성 vs 반대"이고 초등학생 화장에 관한 찬반 의견이 글의 내용이므로, 이 글의 주제는 '초등학생의 화장'임을 알 수 있습니다.

② **내용 파악하기** 작성자 '사과'의 의견을 보면 색조 화장품에는 색을 내기 위해 '중금속 성분'이 들어가는데 이 성분이 피부를 손상한다고 나옵니다.

③ **내용 파악하기** 작성자 'angel'과 '메이크업 좋아'는 초등학생 화장에 찬성하고 '사과'와 'taeyeon'은 반대합니다. 각 작성자가 어떤 근거로 주장을 뒷받침하는지 글에서 확인하세요.

90~91쪽

02
1 풍력 발전기
2 ③
3 ②
4 해설 참조

① **주제 이해하기** 글쓴이는 수업 시간에 했던 '풍력 발전기 설치에 대한 찬반' 토론 내용을 일기에 썼습니다.

② **내용 파악하기** 반장 승빈이가 말한 내용에 풍력 발전기 설치의 장점이 나옵니다. 석탄 발전은 미세먼지가 많이 발생하고, 가스 발전은 가스 수입에 큰 비용이 들고, 원자력 발전은 방사능 유출 위험성 및 핵폐기물 처리의 어려움이 있지만, 풍력 발전은 친환경 발전 방식인 데다가 관광 자원으로도 활용된다고 말합니다. ③ '저주파 소음'은 풍력 발전기 설치에 반대하는 동현이가 내세운 근거입니다.

③ **내용 파악하기** 풍력 발전기 설치에 반대하는 동현이가 가장 크게 문제 삼은 것은 풍력 발전기가 발생시키는 '저주파 소음'입니다.

④ **요약하기** 풍력 발전기 설치에 관한 찬성 의견과 반대 의견이 나오는 부분을 자세히 읽고 빈칸을 알맞게 채우세요.

학교 뒷산에 (풍력) 발전기 설치	
찬성	반대
• (미세먼지) 배출과 (방사능) 유출 위험성이 없는 (친환경) 발전 방식 • (관광 자원)으로 활용 가능	• (저주파 소음) 발생 → 두통 발생 횟수 (증가), 불면증

92~94쪽

03

| 1 | 보존, 개발 | 2 | 해설 참조 |
| 3 | 찬성: ㉠, ㉢ / 반대: ㉡, ㉣ | 4 | ① |

1 주제 이해하기 이 글에는 식수 공급을 위해 반구대 암각화가 있는 사연댐의 수위를 높여야 한다고 주장하는 사람들과 귀중한 문화유산인 반구대 암각화를 보존하는 것이 더 중요하므로 댐의 수위를 높이면 안 된다고 주장하는 사람들의 이야기가 나타나 있습니다. 이것을 통해 '반구대 암각화의 보존과 개발'이 글의 주제라는 것을 알 수 있습니다.

2 내용 파악하기/요약하기 글을 빠르게 훑어 읽으며 반구대 암각화에 관한 중요한 정보를 찾아봅시다.

★ **한국의 국보 제(285)호: 반구대 암각화★**
- **소재지**: 울산시 울주군
- **암각화의 뜻**: (선사 시대) 사람들이 바위에 그린 호랑이, 사슴, 멧돼지, 고래 잡는 어부 등의 그림
- **특징**: (신석기) 말~(청동기) 시대의 생활상을 보여 줌
- **둘러싼 갈등**: 다년간의 (식수) 부족 때문에 반구대 암각화가 있는 (사연댐)의 (수위)를 높여야 한다/아니다.
- **갈등에 대한 승아의 판단**: 암각화의 (보존)이 더 중요하다.

3 내용 파악하기 ㉠ '부족한 식수를 낙동강에서 끌어오기 위한 세금 지출이 심각하다'와 ㉢ '수위를 올리면 저수량의 3분의 2 이상을 식수로 쓸 수 있다'는 것은 반구대 암각화가 있는 사연댐의 수위를 높여야 한다고 주장하는 사람들이 내세우는 근거이고, 나머지 ㉡, ㉣은 반대하는 사람들의 근거입니다.

4 적용하기 가치는 '사물이 지니는 쓸모나 중요성', '인간이 대상에 대해 여기는 중요성'을 뜻합니다. 이것에 따라 생각했을 때 선택지 중 '가치의 문제'로 볼 수 있는 것은 ① '선의의 거짓말은 해도 될까?'입니다. 좋은 의도로 했다 한들 거짓말은 거짓말이므로 무조건 나쁘다고 생각하는 사람과, 상황에 따라 거짓말이 상대방을 보호하고 좋은 결과를 낼 수도 있기 때문에 선의의 거짓말은 해도 된다고 생각하는 사람이 있을 수 있습니다.

95~97쪽

04

1	해설 참조	2	②, ④
3	③	4	②
5	(1) × (2) × (3) × (4) × (5) ○		
6	해설 참조		

1 낱말 이해하기 패스트 패션이란 '빠르게 바뀌는 유행에 따라 빠르게 만들어 내는 패션'을 말한다고 글의 첫째 줄에 뜻이 나옵니다. 반대로, 슬로 패션은 '친환경 소재와 염색 방법을 써서 환경에 미치는 영향을 최소한으로 하는 패션'을 말한다고 글의 세 번째 문단에서 언급합니다.

2 내용 파악하기 첫 번째 문단의 둘째 줄 "마치 주문한 후 바로 먹을 수 있는 패스트푸드처럼 말이죠. 비교적 저렴한 가격에 유행에 뒤처지지 않는 옷을 빠르게 제작하여 판매하기 때문에~"에서 패스트 패션과 패스트푸드의 공통점이 드러납니다. 두 개의 공통점은 '저렴한 가격'과 '빠른 제작 과정'입니다.

3 내용 파악하기 ㉠, ㉡, ㉣, ㉤은 모두 슬로 패션에서 활용되는 '소재'의 예입니다. ㉢이 가방은 그러한 소재로 만들어진 '제품'입니다.

4 추론하기 패스트 패션과 슬로 패션은 서로 '반대(대비)되는 관계'입니다. 선택지 중 이와 같은 관계의 낱말 짝은 ② '희망-절망'입니다.

⑤ 내용 파악하기 (1) 패스트 패션은 최신 유행을 반영한 의류를 빨리 제작해서 판매하기 때문에 우리 생활에 자연스럽게 자리 잡았고, 국내 패스트 패션 시장의 규모는 계속 성장하고 있습니다. (2) 슬로 패션 제품의 소재로 사용되는 것은 다양합니다. 버려진 트럭 덮개뿐 아니라 다 쓴 소와 가죽, 사탕 포장지 등 다양한 것을 소재로 쓸 수 있습니다. (3) 글의 마지막 문단을 보면 슬로 패션이 점차 확산하고 있다는 내용이 나옵니다. (4) 패스트 패션은 환경 오염을 일으킬 뿐만 아니라 자원 낭비도 심합니다. (5) 패스트 패션의 청바지를 한 벌 제작하는 데 무려 1,500L의 물이 필요하다고 두 번째 문단에 나옵니다.

⑥ 요약하기 글을 읽을 때 중요한 정보에 밑줄을 긋거나 다른 표시를 해 두면 더 쉽게 글을 요약할 수 있습니다.

패스트 패션	• **정의**: 유행에 따라 (빠르게) 만들어 내는 패션 • **장점**: [소비자 측] 유행에 맞는 옷을 (저렴한 (또는 싼)) 가격에 살 수 있음 [판매자 측] (빨리) 많이 팔아 큰 (이익)을 냄 • **단점**: 자원 (낭비)와 환경 (오염)
(슬로) 패션	• **정의**: 환경에 미치는 영향을 최소화하는 패션 • **방법**: (친환경) 소재와 (염색) 방법 사용 • **소재의 예**: 버려진 현수막, 옷, 캔 뚜껑, 사탕 포장지 등

	1	아동 노동
05	**2**	이제부터라도 아동 노동에 더 관심을 가져 가혹한 노동으로 고통받는 어린이가 없는 세상을 만들어나가면 좋겠습니다.
	3 ④	**4** ⑤ **5** ④
	6	(1) 해설 참조 (2) 착취로부터 보호받을 권리

① 주제 이해하기 이 글은 '아동 노동의 현실'을 다루고 있습니다.

② 주제 이해하기 산업혁명 시대에 행해졌던 아동 노동에 관한 이야기를 시작으로 오늘날의 아동 노동의 현실, 그리고 아동에게 주어져야 할 권리를 언급하면서 "이제부터라도 아동 노동에 더 관심을 가져 가혹한 노동으로 고통받는 어린이가 없는 세상을 만들어나가면 좋겠습니다."로 글을 마무리합니다. 바로 이 말이 글의 목적을 드러내는 문장입니다.

③ 낱말 이해하기 글에 나온 '틈'은 '어떤 행동을 할 겨를(시간적 여유)'을 뜻합니다. 선택지 중 같은 의미로 사용된 것은 ④입니다. ①과 ⑤의 '틈'은 '사람 관계에서 멀어진 마음의 거리'를 뜻하고 ②의 '틈'은 '벌어져서 생긴 자리', ③의 '틈'은 '모여 있는 사람들 사이'를 뜻합니다.

④ 내용 파악하기 국제노동기구에 따르면 전 세계 아동 노동자의 수는 1억 6천만 명이라고 하고 그 수가 매년 늘고 있다고 합니다. 또 그중 8,500만 명이 일하면서 매를 맞거나 충분한 음식과 적절한 교육 없이 하루에 10시간 이상 중노동에 시달리고 있다고 합니다.

⑤ 추론하기 앤의 일거리가 늘어난 것은 '직원들이 하루에 30분이라도 햇빛을 보고 신선한 공기를 마셔야 결핵을 예방할 수 있다'고 한 시청 공무원의 말 때문이 아니라

결핵에 걸려 공장에서 더 일할 수 없게 된 동료의 몫까지 일해야 하기 때문입니다. 따라서 ④ '공무원 때문에 일을 더 하게 되어서 화가 났을 것이다'는 알맞은 답이 아닙니다.

6 내용 파악하기/추론하기　(1) 글의 마지막 문단에 아동의 권리가 언급되어 있습니다. 아동에게는 '생존의 권리', '폭력으로부터 보호받을 권리', '교육받을 권리', '놀 권리', '자기를 표현할 권리', '착취로부터 보호받을 권리'가 있습니다.
(2) 밑줄 친 ⓒ은 아동에게 행해지는 가혹한 노동에 관한 예입니다. 이것은 아동의 노동력을 착취하는 행위이므로, '착취로부터 보호받을 권리'를 심하게 어기는 예라고 볼 수 있습니다.

102~105쪽

06
도전!
긴 지문
읽기

| 1 | ⑤ | 2 | 생산, 성능 | 3 | ① |

4 ①, ③, ④

5 (1) ○ (2) ○ (3) × (4) ○ (5) ×

6 〈가〉문단: ⓒ, 〈나〉문단: ⓔ, 〈다〉문단: ⓓ,
〈라〉문단: ⓑ, 〈마〉문단: ㉠

1 내용 파악하기　페트병을 재활용하기 위한 여러 연구와 노력에 관해 언급하면서 지금 당장 페트병 사용을 줄여야 한다고 말하고 있지만, ⑤ '페트병 사용을 줄이기 위한 개인의 실천 방안'은 소개되어 있지 않습니다.

2 내용 파악하기　〈다〉문단에 페트병 대체재 개발 연구가 효과적이지 않은 이유가 나옵니다. '생산 단가와 성능 문제'로 활용도가 낮다고 언급되어 있습니다.

3 내용 파악하기　빈칸 ㉠ 앞에는 페트병의 주재료를 음료수 용기를 만드는 데 많이 쓰는 이유에 관해 나오는데, 그

뒤에는 "그대로 버려지면 자연환경을 심각하게 파괴하는 물질이 되죠."라고 앞의 내용과 '결이 다른' 말이 나옵니다. 따라서 ㉠에는 앞과 반대되는 이야기가 나온다는 것을 나타내는 '그러나, 하지만'이 들어가는 것이 알맞습니다. 한편, 빈칸 ⓒ 뒤에 언급되는 플라스틱 벽돌은 ⓒ 앞에 나오는 페트병 재활용 방법의 한 예입니다. 그러므로 ⓒ에는 '예를 들어'가 들어가는 것이 알맞습니다.

4 내용 파악하기　페트병을 재활용한 제품으로 글에 언급된 것은 '페트병 전구', '플라스틱 벽돌이나 건축 단열재와 같은 건축자재', '페트병에서 추출한 폴리에스테르 섬유로 만든 옷', '소파 충전재'입니다.

5 내용 파악하기　(1) 북태평양에 생긴 쓰레기 섬의 대부분을 차지하는 것은 주로 비닐과 플라스틱입니다. (2) 바다에 버려진 플라스틱은 파도나 자외선의 영향을 받아 분해됩니다. (3) 작은 물고기는 작게 분해된 미세 플라스틱을 먹이로 알고 먹지만 소화를 하지 못 해서 죽거나 (4) 2차 포식자, 3차 포식자에게 잡아먹히고, 결국은 사람 입으로 들어가면서 사람 몸속에 플라스틱이 쌓입니다. (5) 페트병을 재활용하여 만든 플라스틱 벽돌은 콘크리트 벽돌과 비교해 제작 과정에서 온실가스를 94%나 감축할 수 있습니다.

6 문단 이해하기　〈가〉문단은 '북태평양에 만들어진 거대 쓰레기 섬'을 소개하고 있고, 〈나〉문단은 이 쓰레기 섬의 대다수를 이루는 '플라스틱이 생태계에 끼칠 위험성'에 관해 설명하고 있습니다. 〈다〉문단은 '페트병을 재활용한 제품의 예인 플라스틱 벽돌'을, 〈라〉문단은 또 다른 '페트병 재활용의 예인 페트병 전구 등'을 언급하고 있습니다. 글의 마지막 문단인 〈마〉에서는 '페트병(플라스틱) 사용을 줄이기 위한 노력을 촉구'하고 있습니다.

3과 문학과 예술

그림 보고 예상하기   107쪽

1 (ㄱ)	2 (ㄴ)	3 (ㄱ)

108~110쪽

01

1 같은 색이라도 주변 색이 어떤가에 따라 원래의 색이 다른 색으로 보이는 것

2 해설 참조   3 면적 대비

4 (1) × (2) ○ (3) ○ (4) ○

① 낱말 이해하기   두 번째 문단에 따르면 색의 대비는 '같은 색이라도 주변 색이 어떤가에 따라 원래의 색이 다른 색으로 보이는 것'을 뜻합니다.

② 내용 파악하기   밑줄 친 ㉠이 효과는 교통 신호등에 초록불과 빨간불을 사용함으로써 얻는 효과를 나타냅니다. ㉠ 앞에 "초록색은 연두색에 인접해 있을 때보다 보색인 빨간색에 인접해 있을 때 더 자극적이고 강렬하게 보이는 것을 알 수 있다."라는 내용이 나옵니다. 따라서 ㉠이 효과는 '초록불이 보색인 빨간색에 인접해 있을 때 더 자극적이고 강렬하게 보이는 효과'를 가리킨다는 것을 알 수 있습니다.

③ 적용하기   작은 견본으로 벽지의 색을 볼 때보다 면적이 넓은 방의 도배를 끝냈을 때 벽지 색이 더 밝고 선명하게 느껴지는 것은 바로 '면적 대비' 효과 때문입니다. 면적 대비는 '면적이 큰 쪽의 색이 더 밝고 선명해 보이는 현상'으로, 방에 바를 벽지를 선택할 때 이 지식을 적용할 필요가 있음을 〈보기〉에서 말하고 있습니다.

④ 내용 파악하기   (1) 색의 대비는 다양한데, 글쓴이는 '그중'에서 색상 대비, 명도 대비, 면적 대비, 보색 대비에 관해서 배웠습니다. 따라서 색의 대비가 그 네 가지뿐이라

는 설명은 잘못된 것입니다. (2)와 (3)은 보색 대비에 관해 설명하는 마지막 문단을 보면 답을 알 수 있습니다. "보색 대비는 색상환에서 가까운 위치에 있는 색끼리 배색하면 비슷하고 친근한 느낌을 주고, 멀리 떨어져서 마주 보는 곳에 있는 보색끼리 배색하면 서로의 영향으로 색의 채도가 높아져 강렬하고 자극적인 느낌을 주는 현상을 말한다."에서 올바른 답을 찾을 수 있습니다. (4) 배경 색에 따라 같은 색이라도 밝기 차이가 나는 것은 '명도 대비'입니다.

111~113쪽

02

1 ⑤   2 ⑤

3 (1) ○ (2) ○ (3) ○ (4) ×

4 ③   5 ㉤ → ㉡ → ㉠ → ㉣ → ㉢

① 내용 파악하기   어려서 부모님을 잃고 제대로 배우지도 못한 장발장은 '조카들을 돌보기 위해' 빵을 훔쳤고, 성당에서 은그릇도 훔쳤습니다.

② 추론하기   신부가 밑줄 친 ㉠처럼 말한 이유는 그 뒤의 말 "약속해 주세요. 이것들을 판 돈으로 정직하고 선한 일을 하는 사람이 되겠다고."에서 짐작할 수 있습니다. 자기의 친절과 선의를 배신한 장발장이었지만, 신부는 그에게 벌을 주기보다는 정직하고 선한 일을 하는 사람이 되는 기회를 주고 싶었다는 것을 알 수 있습니다.

③ 내용 파악하기   신부는 장발장을 불쌍히 여겨 잠자리를 마련하고 은그릇을 꺼내어 저녁 식사를 대접했습니다. 그뿐만 아니라, 은그릇을 훔쳐서 경찰에게 잡혀 온 장발장을 보호하려고 자기가 장발장에게 은그릇을 선물했다고 말해 주고, 은촛대도 주었습니다.

④ 감상하기   나의 선의를 이용하고 배신한 사람을 용서

하고 잘못을 감싸 주는 사랑의 힘이 한 사람의 인생을 바꿀 수 있다는 것을 보여 주는 이야기입니다. 따라서 알맞은 감상을 말한 것은 ③ '정희'입니다.

5 요약하기 장발장은 조카들을 먹이기 위해 빵을 훔쳤으나 잡혀서 감옥에 수감되었습니다. 감옥에서 나온 후, 갈 곳이 없었던 그는 성당에 들어가 신부에게 음식과 잠자리를 제공받습니다. 그는 조카들을 부양해야 한다는 생각에 성당의 은그릇을 훔쳐서 도망갔고, 경찰에 잡혀 성당으로 끌려온 장발장에게 신부는 용서와 사랑을 베풉니다. 신부는 장발장에게 은그릇뿐 아니라 은촛대까지 선물하며 좋은 사람으로 다시 살라고 이야기했고 신부에게 감동한 장발장은 어려운 사람을 도와주는 새로운 삶을 살게 되었습니다.

114~116쪽

03	1 **통속민요와 토속민요**	2 **해설 참조**
	3 **토속민요: ㉠, ㉢ / 통속민요: ㉡, ㉣**	
	4 **④**	5 **해설 참조**

1 주제 이해하기 이 글은 '통속민요'와 '토속민요'를 소개하는 글입니다.

2 낱말 이해하기 민요와 토리의 뜻은 〈가〉문단에 나옵니다.

민요	노래를 만든 사람이 누구인지 알지 못하지만, 이 땅에 살던 옛날 사람들이 즐겨 불러 입에서 입으로 전해진 노래
토리	지역별로 독특한 생활 양식, 토속 언어가 녹아 있어서 민요를 부르는 방법과 가사, 리듬에서 그 지역만의 특색이 나타나는 것

3 내용 파악하기 토속민요는 서민들이 만든 단순한 가락

의 노래로, 지방마다 달랐습니다. 토속민요는 기능에 따라 노동요, 유희요, 의식요 세 가지로 나뉩니다. 그에 반해 통속민요는 전문 소리꾼이 가락을 세련되게 다듬어 부른 노래로, 〈아리랑〉, 〈한 오백 년〉, 〈청춘가〉 등이 전국에서 불렸습니다.

4 내용 파악하기 〈다〉문단에 보면 토속민요는 '지방마다 다른데, 특히 지역의 농업 형태에 따라 다르게 발전했다'라는 내용이 나옵니다. 서민들의 일상생활에서 자연스럽게 만들어지고 불렸으며, 노동요, 의식요, 유희요로 구분되는 것은 토속민요입니다. 유희요는 남녀노소가 즐겁게 놀 때 부르던 노래로, 〈강강술래〉, 〈대문열기〉, 〈덕석몰기〉 등이 있습니다.

5 내용 파악하기 토속민요를 기능에 따라 세 가지로 분류한 설명은 글의 마지막 문단인 〈라〉에 나옵니다. 〈라〉문단을 읽고 알맞은 정보를 찾아봅시다.

기능에 따른 분류	(노동요)	• 일할 때 부르는 노래 　-일의 고단함을 잊고, 일의 (능률)을 높이는 데 목적이 있음 • 여럿이서 (동작)을 맞출 때 부르기도 함
	의식요	• (의식)을 진행하면서 부르는 노래 • 예: 상엿소리
	(유희요)	• 즐겁게 놀 때 부르는 노래 • 예: (강강술래), 대문열기, 덕석몰기

117~119쪽

04	1 **신화**	2 **④**
	3 **해설 참조**	4 **⑤**
	5 **㉣ → ㉤ → ㉡ → ㉠ → ㉢**	

1 글의 갈래 알기 한 나라의 건국에 관해 내려오는 신화를 정리한 글을 '건국 신화'라고 합니다.

2 글의 구성 알기 이 이야기는 주몽의 탄생에서부터 성장하여 고구려를 세우는 과정을 '시간의 흐름'에 따라 썼습니다.

3 내용 파악하기 가리키는 말이 나타내는 대상은 주로 그 앞에 나옵니다. ㉠, ㉡, ㉢의 '그곳'은 모두 앞에 나온 '장소'를 대신 가리키는 말입니다. 따라서 장소를 찾으면 됩니다. ㉠은 '우발수라는 이름의 못', ㉡은 '(금와왕과 함께 간) 궁궐', ㉢은 '모둔곡'을 가리킵니다.

4 추론하기 〈보기〉에는 고구려 건국 후 영토 확장에 관한 내용이 담겨 있습니다. 그러므로 주몽이 고구려를 세우고 수도를 정한 이야기가 나오는 ㉣ 자리에 들어가는 것이 가장 자연스럽습니다.

5 요약하기 글은 시간의 흐름에 따라 정리되어 있습니다. 금와왕이 우발수 못에서 유화를 만나 궁궐로 데려왔습니다. 유화가 낳은 알에서 태어난 주몽은 어렸을 때부터 활쏘기에 재능을 보였습니다. 자기를 질투하는 금와왕의 아들들을 피해 주몽은 오이, 마리, 협부를 데리고 부여를 떠나 졸본에 이릅니다. 이미 졸본에 자리 잡고 있던 여러 부족 중 가장 큰 세력인 소노부 부족장의 딸인 소서노와 결혼한 주몽은 소노부 부족의 도움을 받아 나머지 부족들을 자기 부하로 삼았고, 마침내 졸본을 수도로 정한 뒤 고구려를 건국했습니다.

120~123쪽

05 도전! 긴 지문 읽기

1 청자, 백자 2 ②
3 해설 참조 4 (1) × (2) ○ (3) × (4) ×
5 ② 6 해설 참조
7 (1) 상감기법 (2) 분청사기

1 주제 이해하기 이 글은 고려 도공과 조선 도공의 입을 통해 '고려청자와 조선백자의 우수성'을 설명하고 있습니다.

2 내용 파악하기 '비색'이라고 불린 푸른색으로 된 자기만 고려청자인 것이 아닙니다. 고려청자는 굽는 방법과 유약 속의 철 성분에 따라 색이 달라집니다.

3 내용 파악하기 조선 시대에 백자가 널리 보급된 이유 중 하나는 '조선의 양반들이 흰색을 좋아했다'는 점이고, 다른 하나는 '명나라에서 공물로 은을 많이 요구하여 궁궐에서 은그릇 대신 백자를 이용하게 되면서 백자가 사회 전체로 퍼졌다'는 것입니다.

4 내용 파악하기 (1) 비색으로 된 자기는 고려청자입니다. (2) 백자는 1,300도에서 구워서 청자보다 더 단단합니다. (3) 백자가 고려 말에 만들어진 분청사기에서 발전한 것이라는 설명은 바르지 않습니다. 고려청자에 뿌리를 둔 분청사기는 질 낮은 흙으로 빚는 등 아쉬움이 많은 도자기라고 나옵니다. (4) 조선에 백자가 보급된 데에는 중국 명나라의 영향이 컸습니다. 명나라가 공물로 은을 많이 요구하였기 때문에 궁궐에서 은그릇 대신 백자를 쓰게 되면서 그것이 사회 전체로 퍼졌습니다.

5 글의 구성 알기 애니메이션에서 고려 도공이 고려청자의 우수성을 언급하며 백자보다 뛰어나다고 하면, 조선 도공도 지지 않고 조선백자의 우수성을 자세히 말합니다. 이것으로 보아 이 글은 '고려청자와 조선백자를 비교, 대조'하여 설명하는 글입니다.

6 내용 파악하기 고려청자와 조선백자에 관한 세부 정보를 꼼꼼하게 확인해야 합니다.

	고려청자	조선백자
대표 색깔	비색(푸른색)	(흰색)
세부 종류	• (철화)청자: 무늬가 검다. • 퇴화청자: 무늬가 (하얗다). • (동화)청자: 무늬가 붉다. • 화금청자: 무늬에 (금)이 들어간다. • (상형)청자: 사자, 오리, 원숭이, 표주박, 석류 등의 모양을 본 떴다.	• 순백자: (무늬)를 넣지 않고 (물감)을 쓰지 않는다. • 청화백자: (푸른색)으로 그림을 그려 넣는다. • (철화)백자: 산화철 물감으로 무늬를 넣어서 흑갈색, 녹갈색 그림이 곱다. • (동화)백자: 무늬가 붉은색이다.
우수성	색감, 형태, 무늬가 아름답다.	청자보다 더 (단단)하다.

7 **낱말 이해하기** (1) 무늬를 새기고 그 무늬에 금, 은, 흰색의 진흙을 넣어 굽는 제작 비법은 '상감기법'입니다.
(2) 질이 낮은 흙으로 도자기를 만든 후 백토를 입히고 회청색의 유약을 발라 만든 것을 '분청사기'라고 합니다.

4과 **사람과 역사**

배경지식 확인하기 125쪽

1 (다)	2 (가)	3 (라)	4 (나)

126~127쪽

01 1 해설 참조   2 ②
3 구석기 → 신석기 → 청동기 4 해설 참조

1 **내용 파악하기** "톰센은 석기, 청동기, 철기 순으로 분류한 선사 시대 구분법을 발표했고, 많은 학자는 ⊙그의 의

견을 받아들였다."에서 밑줄 친 그의 의견은 '톰센의 석기, 청동기, 철기 순으로 분류한 선사 시대 구분법'입니다. 또는 더 자세하게 '도구를 만든 재료인 돌, 청동, 철을 기준으로 선사 시대를 석기 시대, 청동기 시대, 철기 시대로 분류할 수 있다는 의견'이라고 쓰면 됩니다.

2 **내용 파악하기** 톰센은 선사 시대를 석기 시대, 청동기 시대, 철기 시대로 구분했습니다.

3 **내용 파악하기** 러복은 석기 시대를 더 세분화해서 단순히 돌을 깨뜨려서 도구를 만든 '구석기 시대'와 돌을 갈아서 도구를 만든 '신석기 시대'로 나누었습니다.

4 **요약하기** 중요한 정보를 미리 표시해 두면 글을 요약하기 쉽습니다.

> 톰센은 도구를 만드는 (재료)를 기준으로 선사 시대를 (석기) 시대, 청동기 시대, 철기 시대로 구분하였고, 러복은 석기 시대를 돌을 깨뜨려 사용한 (구석기) 시대와 돌을 갈아서 사용한 (신석기) 시대로 구분하였다.

128~130쪽

02 1 ②   2 ⑤   3 ④
4 ①   5 ④   6 ②

1 **글의 갈래 알기** 이 글은 실제 있었던 사건을 바탕으로 하고는 있지만, 잠두봉이 절두산으로 이름이 바뀐 유래를 김순직이라는 가상의 인물을 설정해 그 인물이 이야기하는 형식으로 쓴 '소설'입니다.

2 **내용 파악하기** 원래 잠두봉은 누에의 머리를 닮았다고 해서 그 이름이 붙었는데, 조선 시대에 천주교 신자들이 그곳에서 목이 잘리는 참형을 당하면서 '절두산'으로 불리게 되었습니다.

3 추론하기 천주교 신자를 '천주쟁이'라고 부르는 것이나 "왜 서양 귀신을 믿어서 저 꼴을 당하는지", "우리 조선에는 임금님과 양반들이 있는데 어찌 모두가 평등할 수 있다는 건지"와 같은 말을 통해 천주교가 서양에서 건너온 종교이며, 기존 조선의 질서에 반하는 가르침이 있었던 탓에 거부감을 느끼는 사람들도 있었고, 나라에서는 천주교를 사회 체제를 위협하는 종교로 인식하여 확산을 막으려고 했을 것임을 짐작할 수 있습니다.

4 내용 파악하기 밑줄 친 ㉠글을 배운 양반네들은 이곳을 '용두봉'이라고 부르곤 했습니다.는 지명에 관한 설명이지 천주교 신자에 대한 당시 일반 사람들의 인식을 나타내는 문장이 아닙니다.

5 추론하기 "최근 잠두봉에서 벌어진 끔찍한 일을 본 후로 밤만 되면 무서워 집 밖으로 나갈 수가 없습니다.", "저 많은 사람이 살인을 저지르거나 역적 짓을 한 것도 아닌데 참형을 당해야 한다니 너무하지 않습니까?", "더는 지켜볼 수가 없어 저는 잠두봉을 내려왔습니다."라는 문장에서 김순직의 심정을 짐작할 수 있습니다. 죽을 정도의 죄라고 생각하지 않는데 특정 종교를 믿는다는 이유로 목이 베이는 이웃과 여러 사람의 모습을 보면서 이해도 안 가고, 무섭고 안타깝고 끔찍했을 것입니다.

6 감상하기 이 글은 조선 시대에 행해진 천주교 박해의 상징인 '절두산 사건'을 소설로 쓴 것입니다. 권력자의 말 한마디로 큰 죄를 짓지도 않은 수많은 사람이 죽임당해야 했던 불합리한 사건에 관한 이야기를 읽은 후에 '사회 질서를 유지하려면 강력한 힘이 필요해. 그래서 난 오늘날도 조선 시대처럼 왕이 있어야 할 것 같아'라는 감상을 말하는 것은 적절하지 않을 것입니다.

131~133쪽

03
1 해설 참조   2 ⑤
3 불경, 목판, 불경, 금속
4 ②   5 ⑤
6 (1) ○ (2) ○ (3) ○ (4) × (5) ×

1 내용 파악하기 ㉠이것은 앞에 소개된 '〈직지심체요절〉'을 가리킵니다. ㉣이것이 가리키는 것 또한 앞에 나오지만 조금 복잡합니다. 〈직지심체요절〉이나 〈직지심경〉이라고 책 제목만 써도 틀리지는 않으나, 자세하게 '세계 최초로 금속 활자를 만들어서 〈직지심체요절〉, 줄여서 〈직지심경〉을 찍어낸 것'이라고 답을 쓰는 것이 더 정확합니다.

2 내용 파악하기 빈칸 ㉡의 앞뒤 문장 관계를 보면 ㉡ 앞의 문장이 그 뒤 문장의 '원인(이유)'이 됩니다. 빈칸 ㉢ 앞뒤의 문장 관계를 보면 ㉢ 뒤의 문장은 앞의 문장과 결이 다른 내용을 말하고 있습니다. 이런 점에 비추어 보아 ㉡과 ㉢에 들어갈 알맞은 이어 주는 말의 짝은 ⑤ '그래서–하지만'입니다.

3 내용 파악하기 금속 활자의 개발은 삼국 시대에 전래한 불교의 전파로 '불경'의 보급이 필요해진 것과 큰 연관이 있습니다. 처음에는 '목판'에 글자를 새겨 불경을 찍어 냈으나 나무로 된 판은 금세 닳았기 때문에 그 한계를 극복하기 위해 닳지 않는 '금속' 활자를 개발할 필요성을 느끼게 되었습니다.

4 내용 파악하기 이 글에서 찾을 수 없는 정보는 ② '〈직지심체요절〉의 판매 가격'입니다.

5 내용 파악하기 〈직지심체요절〉은 세계 최초의 금속 활자본으로, 유네스코 세계기록유산으로 등재되어 있고 현재는 프랑스 국립 도서관에 보관되어 있습니다. 제목의

'직지심체'는 불경 구절에서 따온 것입니다.

⑥ 내용 파악하기 (1) 세계에서 가장 오래된 목판 인쇄물은 〈무구정광대다라니경〉이라는 이름의 불경입니다. (2), (3) 〈직지심체요절〉은 서양의 구텐베르크가 찍은 성서보다 약 70년 앞서 나온 세계 최초의 금속 활자본으로, 1972년에 유네스코로부터 가장 오래된 금속 활자본으로 인정받았습니다. (4) 자주 찍으면 닳아서 글자가 잘 안 보이는 것은 목판입니다. (5) 글의 마지막 문장 "~1950년부터 지금까지 그곳(프랑스 국립 도서관)에 보관되어 있습니다. 이 소중한 문화유산이 우리나라에 없는 현실이 안타까울 따름입니다."에 〈직지심체요절〉가 현재 한국에 없는 현실을 안타까워하는 글쓴이의 심정이 드러납니다.

은 순수와 평화, '음양'의 조화 등을 상징합니다.

④ 추론하기 주어진 문장의 '그러나'와 '그 모습'이 문제를 푸는 열쇠입니다. '그러나'는 서로 반대되는 내용의 문장을 앞뒤로 연결할 때 쓰는 이어 주는 말입니다. 그리고 '그 모습'이 가리키는 대상은 '박영효가 그린 태극기의 모습'입니다. 따라서 문맥상 "불행히도 박영효가 그린 태극기는 현재 남아 있지 않습니다." 뒤에 주어진 문장이 나오는 것이 자연스럽습니다.

⑤ 내용 파악하기 "태극기의 원래 이름은 '조선국기'였습니다. 그러나 3·1운동 당시 일본의 감시를 피하고자 조선국기가 아닌 '태극기'라고 부르기로 했습니다."에서 '태극기'로 국기 이름이 정해진 이유를 찾을 수 있습니다.

134~137쪽

04	
1 ①	**2** ⑤
3 (1) **50개 주** (2) **이슬람교**	
(3) **기독교** (4) **음양**	
4 ②	**5** 해설 참조
6 (1) × (2) × (3) × (4) ○	
7 해설 참조	
8 (1)–(라) (2)–(나) (3)–(가) (4)–(마)	
(5)–(바) (6)–(사) (7)–(다)	

⑥ 내용 파악하기 (1) 태극기의 원래 이름은 '조선국기'였는데, 1919년에 벌어진 3·1운동 이후 '태극기'로 이름이 정해졌습니다. (2) 1882년 박영효는 일본에 수신사로 가면서 배 안에서 태극기를 그렸습니다. 그는 처음에 8개의 괘를 그렸다가 너무 복잡해서 괘를 4개로 줄였습니다. (3) 태극 문양은 양과 음의 조화를 상징하는 것입니다. (4) 각국기의 문양에는 그 나라의 문화와 역사, 정신이 담겨 있습니다.

① 글의 갈래 알기 이 글은 태극기의 역사와 태극기가 상징하는 바에 관해 설명하는 '설명문'입니다.

② 주제 이해하기 이 글의 주제는 ⑤ '태극기의 역사와 의미'입니다.

③ 내용 파악하기 성조기에 그려진 별은 미국의 '50개 주'를 상징합니다. 터키 국기의 초승달과 별은 '이슬람교'를, 스웨덴과 스위스, 핀란드 국기의 십자가는 '기독교'를 상징합니다. 한국의 국기인 태극기의 바탕색과 태극 문양

⑦ 내용 파악하기 왼쪽 상단의 괘는 '건', 왼쪽 하단의 괘는 '이', 오른쪽 상단의 괘는 '감', 오른쪽 하단의 괘는 '곤'입니다.

8 내용 파악하기 태극기의 각 부위가 상징하는 내용에 관한 설명은 글의 네 번째와 마지막 문단에 자세히 나옵니다. 해당 문단의 정보를 꼼꼼하게 파악합시다.

138~141쪽

05
도전!
긴 지문
읽기

1 ③	**2** ②	**3** ②
4 (1)④ (2)① (3)⑤		**5** ②
6 (1)× (2)× (3)○ (4)× (5)○		
7 1902년: ©, 1916년: ❻, 1919년 서울: ②, 1919년 고향: ◎, 1919년 아우내 장터: ③, 1920년 감옥: ©		

1 글의 갈래 알기 유관순의 일대기를 쓴 글입니다. 이렇게 실존 인물의 삶과 업적을 기록한 글은 '전기'입니다.

2 글의 구성 알기 글에 나온 '1902년, 1916년, 1919년 3월 1일, 1919년 3월 10일, 1920년 9월 28일'과 같은 '시간'을 나타내는 표시어를 통해 알 수 있듯 이 글은 '시간의 흐름'에 따라 유관순의 생애를 그리고 있습니다.

3 낱말 이해하기 밑줄 친 ⑤깨어는 '고정관념이나 관습을 그대로 받아들이는 것을 거부하고 영향받지 않는 상태로 만들다'라는 뜻의 '깨다'의 활용형입니다. 선택지 중 같은 의미로 사용된 것은 ②입니다. ①과 ③에 사용된 '깨다'는 '단단한 것을 조각조각 부수다'라는 뜻이고, ④는 '넘기 어려운 한계를 극복하다', ⑤는 '약속을 지키지 않거나 도중에 그만두다'라는 뜻입니다.

4 낱말 이해하기 글에 어려운 낱말이 나와도 문맥을 통해 뜻을 미루어 짐작할 수 있습니다. 일본 관리들이 한글 교육을 방해했지만, 유관순은 고향 사람들에게 한글을 가르쳤다고 나오므로 ©난관은 '어려움'을 뜻하는 말이라는 것을 알 수 있습니다. "~독립 만세 운동을 펼쳤다"의

©펼쳤다는 '사람이나 단체가 실제로 어떤 행동을 했다'라는 뜻이므로, 선택지 중 대신 쓸 수 있는 것은 ① '실시했다'입니다. ②폐쇄하였다는 "~학교를 강제로 폐쇄하였다. 이 조치로 인해 기숙사도 문을 닫게 되어…"에서 그 뜻을 짐작할 수 있습니다. '폐쇄하다'는 '문을 닫다(영업을 하지 않다)'라는 의미입니다.

5 내용 파악하기 유관순은 이화학당을 다닐 때 방학이 되면 고향에 내려가 사람들에게 한글을 가르쳤습니다. 그리고 3월 1일 독립 만세 운동 이후 학교가 문을 닫자 고향에 내려가 독립 만세 운동을 계획하고 시행합니다. 3월 1일 독립 만세 운동 때 유관순은 친구들과 함께 시위에 참여했지만 시위를 주도하지는 않았습니다.

6 내용 파악하기 유관순이 이화학당에 입학한 것은 여자도 나라의 일꾼이 되어야 한다고 생각한 아버지의 뜻이었습니다. 유관순은 학교에 다니면서 친구들과 함께 서울 탑골공원에서 열린 독립 만세 운동에 참여했습니다. 이화학당의 교사와 학생들은 조국의 독립운동에 적극적으로 참여하고 있었기 때문에 일본은 학교를 폐쇄해 버립니다. 고향에 돌아간 유관순은 고향에서의 독립 만세 운동을 계획하고 친척들과 함께 동료를 모아 아우내 장터에서 독립 만세 운동을 벌입니다. 이때 유관순의 부모를 포함해 많은 사람이 죽었고, 유관순도 체포되어 감옥에서 모진 고문을 받았지만, 마지막까지 조선 독립에 대한 신념을 굽히지 않았습니다.

7 요약하기 시간의 흐름에 따라 쓰인 글을 요약할 때는 시간과 벌어진 사건을 제대로 짝지을 줄 알아야 합니다. 그리고 사건이 벌어진 장소도 꼼꼼하게 확인해야 합니다.

5과 과학과 환경

배경지식 확인하기

1 (1) ㉠, ㉣, ㉡   (2) ㉢, ㉤, ㉥   (3) ㉥
2 (1) ㉢   (2) ㉤   (3) ㉠, ㉣

01
1 관찰 일기   2 뿌리, 기능, 형태
3 (1) ○ (2) ○ (3) ○ (4) ×
4 (1) 고구마 뿌리 (2) 민들레 뿌리
   (3) 파 뿌리

1 글의 갈래 알기   이 글은 관찰 내용을 날짜별로 기록한 '관찰 일기'입니다.

2 주제 이해하기   글쓴이는 '식물 뿌리의 기능과 형태'를 확인하기 위해 뿌리를 관찰하여 기록하였습니다.

3 내용 파악하기   식물의 뿌리는 물을 흡수하고 양분을 저장하며 줄기와 함께 식물을 지탱하는 기능을 합니다. 민들레 뿌리, 파 뿌리, 고구마 뿌리의 형태를 기록한 '6월 16일' 일기 내용을 통해 식물에 따라 뿌리 모습이 다양하다는 것을 알 수 있습니다.

4 내용 파악하기   고구마 뿌리는 럭비공 모양으로 통통하면서 세로로 깁니다. 민들레는 가운데에 큰 뿌리가 있고 그 옆으로 가는 뿌리가 많이 달려 있습니다. 파는 가운데 큰 뿌리가 없고 뿌리가 붓털처럼 사방으로 뻗어 있습니다.

02
1 해설 참조
2 여럿 가운데서 어느 쪽인지 따져 밝히다
3 케블라   4 ⑤

1 내용 파악하기   두 번째 문단과 세 번째 문단의 첫째 문장은 과학 기술이 스포츠 분야에서 어떤 목적으로 활용되는지를 보여 줍니다. 첫째, '과학 기술은 많은 스포츠 종목에서 선수들의 경기 실력과 기록을 높이는 데 활용'됩니다. 둘째, '과학 기술은 선수들을 보호하고 승패를 정확히 가리기 위해서도 활용'됩니다.

2 낱말 이해하기   문맥에 따라 ㉠가리기의 뜻을 짐작할 수 있습니다. "~승패를 정확히 ㉠가리기 위해서도 활용된다"고 나오므로 '여럿 가운데서 어느 쪽인지 따져 밝히다'의 뜻으로 사용되었다는 것을 알 수 있습니다.

3 내용 파악하기   방탄조끼나 헬멧에 많이 사용되는 소재인 ㉡이것은 '케블라'입니다. 이 소재의 이름은 ㉡ 앞에 나옵니다.

4 내용 파악하기   2012년 런던 올림픽 수영 종목에서는 전신 수영복의 착용을 금지했습니다. 이것은 선수들이 쌓은 기량이 아닌 수영복에 들어간 과학 기술을 더 의존하게 된다는 이유에서였습니다.

03	1 ③	2 ②	
	3 ④	4 ⑤	
	5 (1) ② (2) ④: 의료 분야, ⑭: 과학 탐사 분야, ⑭: 군사 분야		

148~150쪽

① 주제 이해하기 첫 번째 문단에 글의 주제가 드러납니다. 특히, 마지막 문장 "이처럼 점점 발전하며 우리의 삶 속으로 들어오고 있는 로봇의 활동 분야는 크게 다음과 같이 분류할 수 있다."를 통해 ③ '로봇의 활약 분야'를 설명하는 글이라는 것을 알 수 있습니다.

② 내용 파악하기 로봇은 프로그램이나 명령에 반응하여 행동을 실행하는 기계로, 다양한 분야에서 사용되고 있습니다. 대개 인간의 모습을 닮은 로봇을 만들려고 하지만 필요에 따라 다른 곤충이나 동물의 형태로 만들기도 합니다.

③ 글의 갈래 알기 이 글은 로봇이 무엇이며 어떤 분야에서 활용되는지를 설명하는 '설명문'입니다.

④ 글의 구성 알기 '로봇의 활용 분야를 각각의 예를 들어 설명'하는 글입니다. '첫째', '둘째', '셋째', '넷째'라는 표시어를 써서 로봇의 활용 분야를 나열하고 각 분야에 해당하는 로봇의 예를 들고 있습니다.

⑤ 문단 이해하기 이 글은 '로봇의 다양한 활약 분야'에 관해 설명하는 글입니다. 따라서 (1)⑦에 들어갈 분류 기준은 '로봇의 활동 분야'입니다. 글에 로봇이 활약하는 네 가지 분야를 언급하고 있으므로 어떤 분야를 소개하는지 확인하면 됩니다. 첫째는 '일상생활 속'이고 둘째는 '의료 분야', 셋째는 '과학 탐사 분야', 넷째는 '군사 분야'입니다.

04	1 기후 연구, 우주 탐사, 고생물 및 지질 연구	
	2 (1) × (2) × (3) ○ (4) ○ (5) ○	
	3 ②	
	4 남극 대륙의 빙하 속 공기 방울, 빙하 속 먼지	
	5 ⑤	6 해설 참조

151~153쪽

① 내용 파악하기 "남극은 대표적으로 기후 연구, 우주 탐사, 고생물 및 지질 연구 분야에서 매우 중요한 가치를 지닙니다."라고 나옵니다.

② 내용 파악하기 세종과학기지는 1988년 남극에 준공된 한국 최초의 남극 연구소입니다. 이곳에 가려면 서울에서 칠레까지 30시간 비행기로 이동 후 또 킹 조지 섬까지 비행기나 배로 이동해야 합니다. 세종과학기지는 남극 대륙 본토에 세워진 장보고과학기지와 함께 남극 연구에 있어 핵심 역할을 수행하고 있습니다.

③ 내용 파악하기 글에 언급되지 않는 것은 ② '남극의 계절별 기온'입니다.

④ 내용 파악하기 연구자들은 '남극 대륙의 빙하 속에 갇힌 공기 방울'과 '빙하 속 먼지'를 조사하여 지구의 기후 변화뿐 아니라 과거 지구의 화산 폭발과 풍속 변화도 연구합니다.

⑤ 내용 파악하기 글에 남극에서 구할 수 있는 풍부한 먹거리에 관한 설명은 나오지 않습니다.

⑥ 요약하기 글을 읽을 때 중요한 정보는 미리 별도로 표시해 둡시다.

187

남극은 매우 중요한 가치를 지닌다. (기후 연구) 분야에서 일하는 사람들은 남극의 (빙하) 속 (공기 방울)과 (먼지)를 연구하여 지구의 과거 기후와 (화산) 활동, 풍속 변화에 관한 연구를 한다. 남극은 (우주 탐사) 분야에서도 중요하다. 각종 (전자기기)의 외부 간섭이 거의 없기 때문에 이곳에 (우주) 연구시설이 건립되어 있다. 또한 (고생물) 및 (지질 연구) 분야에서도 남극은 매우 중요한 지역이다. 남극에서 발견된 각종 (화석)을 통해 고생물 연구를 할 수 있고, 엄청나게 풍부한 여러 (지하자원)이 남극 대륙에 묻혀 있기 때문이다. 이토록 중요한 남극의 미래 자원을 연구, 확보하기 위해 우리나라에서는 국내 (최초의) 남극 연구소인 (세종과학기지)를 킹조지 섬에, 그리고 장보고과학기지를 남극 대륙에 설립하였다.

154~155쪽

05

1 부산항의 한 부두에서 붉은불개미가 발견된 것
2 ⑤　　3 생태계, 외래종　　4 ③

① 내용 파악하기 밑줄 친 ㉠그것은 뒤에 나오는 말 '큰 문제'와 대등한 관계여야 합니다. 따라서 정답은 '부산항의 한 부두에서 붉은불개미가 발견된 것'입니다.

② 내용 파악하기 쏘였을 때 엄청난 통증과 가려움, 발진, 심지어 쇼크까지 일으키는 붉은불개미의 독성에 관한 내용은 나오지만, 그 독성을 의학 분야에서 어떻게 활용하고 있는지에 관한 설명은 없습니다.

③ 주제 이해하기 이 글의 주제는 '우리 생태계를 위협하는 외래종 동식물'입니다. 붉은불개미는 주제를 풀어 가기 위한 소재일 뿐입니다.

④ 감상하기 마지막 문단에서 외래종 동식물에 관한 글쓴이의 태도를 알 수 있습니다. 글쓴이는 외래종 동식물 일부가 현재 심각한 문제를 일으키고 있기 때문에 외래종 동식물로 인한 생태계 파괴 상황을 철저하게 조사하고 적절한 대책을 빨리 세워야 한다고 생각하고 있습니다.

156~157쪽

06

1 감각 기관　　2 눈, 코, 귀, 혀, 피부
3 (1) ○ (2) ○ (3) × (4) × (5) ○ (6) ×
4 ①

① 낱말 이해하기 글의 첫 번째 문단에 "이렇게 보고, 냄새 맡고, 듣고, 자극을 느끼는 기관을 감각 기관이라고 합니다."라고 나옵니다.

② 내용 파악하기 '눈, 코, 귀, 혀, 피부' 순으로 사람의 감각 기관을 설명하고 있습니다.

③ 내용 파악하기 콧속에는 '500만 개'가 넘는 후세포가 있습니다. 그리고 눈을 통과하는 빛을 모아 망막에 상을 맺히게 하는 것은 '수정체'입니다. 귀는 소리를 들을 뿐 아니라 몸이 중심을 잃지 않고 균형을 맞추는 데 도움을 줍니다. 따라서 (3), (4), (6)이 잘못된 설명입니다.

④ 글의 구성 알기 이 글은 '사람의 감각 기관의 종류를 나열'하여 자세히 설명하고 있습니다.

158~161쪽

07 도전! 긴 지문 읽기	1 ③	2 해설 참조	3 해설 참조
	4 (1)–(다) (2)–(가) (3)–(라) (4)–(나)		
	5 ㉠, ㉣		

① 주제 이해하기 이 글에서 토의하는 내용은 '호숫물의 산성화 원인과 그 해결 방법'입니다.

② 낱말 이해하기 호숫물 산성화란 '대기오염으로 만들어진 산성비와 공장에서 나온 폐수, 생활 하수 등에 포함된 여러 산성 물질이 호수로 흘러 들어가 호수의 수질이 산성으로 변한 현상'입니다.

③ 내용 파악하기 청명 호수의 물고기가 떼죽음을 당한 사건의 원인과 결과는 다음처럼 정리할 수 있습니다.
㉮: 인근 공장의 폐수가 호수로 흘러 들어감
㉯: 화학 비료와 농약을 너무 많이 사용해 흙이 산성화되고, 이 산성화된 흙이 빗물에 호수로 흘러 들어감
㉰: 청명 호숫물이 산성화됨

④ 내용 파악하기 산성화된 물에 염기성이 강한 수산화칼슘을 뿌리면 중화가 일어납니다. 차량 2부제를 실시하면 배출되는 차량 배기가스의 양이 줄기 때문에 산성비가 내리는 문제를 해결하는 데 도움이 됩니다. 호숫가 근처의 공장에서 폐수를 어떻게 정화하는지 실태를 점검하면 함부로 폐수를 방류하는 것을 막을 수 있습니다. 농약이나 화학 비료를 사용하는 대신 유기농법을 실시하면 흙이 산성화되는 것을 방지할 수 있습니다.

⑤ 문제 해결하기 산성화된 물에 염기성이 강한 물질을 뿌리면 물이 중화됩니다. 글을 보면 공장이 폐수를 제대로 정화해서 방류할 수 있게 해야 한다고 나오지 무조건 공장을 철거하라고 말하지 않습니다. 강의 수질을 개선할 수 있는 동식물을 외국에서 들여온다는 내용은 글에 나오지 않습니다. 글에는 농약과 화학 비료로 산성화된 흙이 호수로 흘러 들어가 물이 산성화된 것 같으므로 농약이나 화학 비료를 사용하는 대신, 친환경적인 유기농법으로 농사를 짓자는 의견이 나옵니다. 이것으로 볼 때 지렁이나 오리를 이용한 친환경 농사법도 물의 산성화를 해결하는 데 도움이 될 것입니다.

메모장

메모장